ROWOHLT
BERLIN

Justus Noll

Ludwig Wittgenstein und David Pinsent

Die andere Liebe der Philosophen

Rowohlt · Berlin

PAARE Herausgegeben von Claudia Schmölders

1. Auflage Juli 1998

Umschlaggestaltung Walter Hellmann
(Fotos: Archiv für Kunst und Geschichte, Berlin;
Basil Blackwell, Oxford)
Satz Berling PostScript QuarkXPress 3.32
Gesamtherstellung Clausen & Bosse, Leck
Printed in Germany
ISBN 3 87134 323 4

Inhalt

Sich nähern

Nous autres, victoriens
Michel Foucault

1. Eine österreichische Barockkirche. «Als ich vor der Haustür von Mrs. Scott aus dem Wagen stieg, fiel ich auf's Pflaster und tat mir am Glied weh, worauf ich mich täglich zweimal in ein heißes Bad setzen und den verletzten Körperteil vorsichtig abwaschen mußte. Da mir bisher immer beigebracht worden war, ihm keine Beachtung zu schenken, war mir das ziemlich peinlich.» Wenn der große Philosoph und Mathematiker Lord Bertrand Russell viele Jahrzehnte später beim Schreiben seiner *Autobiographie* an Mrs. Scotts Nichte, Lady Ottoline Cavendish Bentinck, denkt, fällt ihm diese unangenehme Geschichte ein. Russell gehört einer der bedeutendsten englischen Whig-Familien an, seinen französisch inspirierten Vornamen verdankt er einer Familienmär, derzufolge die Russells schon mit Wilhelm dem Eroberer 1066 nach England gekommen seien. In Wirklichkeit entstammten sie jedoch einer Dorseter Händlerfamilie des 14. Jahrhunderts, deren Verhältnis zu Frankreich dadurch bestimmt war, daß sie schon Wein verkaufte, während Bordeaux noch unter englischer Herrschaft stand. Großvater John Russell, zweimal Premierminister unter Königin Victoria, hatte das große Reformgesetz von 1832 durchgesetzt, zu dessen Konsequenzen die Abschaffung der Sklaverei im Britischen Empire gehörte, während Großmutter Kate Amberley sich so heftig für das Frauenwahlrecht einsetzt, daß sie Victoria auffällt: «Ich wünschte», ärgert sich die fromme Königin, «ich könnte diese Kate Amberley auspeitschen!»

Die Nichte von Mrs. Scott, Lady Ottoline, ist eine der auffallendsten Erscheinungen im gesellschaftlichen Leben Londons, schon bevor Russell ihre Bekanntschaft macht.

«Wir haben soeben eine wunderbare Lady Ottoline Morrell kennengelernt, die das Haupt einer Meduse hat», trägt 1909 auch Virginia Stephen, später verheiratete Woolf, entzückt in ihr Tagebuch ein, «aber sie ist trotzdem sehr einfach und unschuldig, und sie schwärmt für Kunst.» Virginias Neffe und späterer Biograph Quentin Bell stimmt diesem Urteil zu, «obwohl es kaum glaublich erscheint, denn ihr Aussehen legte nahe, sie für lasterhaft, verschlagen und kompliziert zu halten». Ihr Porträt ist in kräftigen Farben gemalt. Sie sei nicht sonderlich klug, aber die Leute bleiben auf der Straße stehen, wenn sie auftaucht. «Sie wirkte so dekorativ wie eine österreichische Barockkirche, und die Stimme, die über ihre unwahrscheinliche Habsburger Unterlippe rollte, hatte sowohl etwas vom Gurren einer Taube wie vom Brüllen eines Löwen; dabei verfügte sie über genügend Anmut und majestätisches Auftreten, um gleichzeitig einzuschüchtern und zu verführen.»

Sie ist Schwester des Herzogs von Portland (ihr Vorname wird französisiert «Ottolíen» ausgesprochen) und gehört wie Russell zum britischen Hochadel. Beide verabscheuen «den schamlosen Kastengeist und die Engstirnigkeit der Aristokraten», wie Russell sich ausdrückt, und unterstützen aktiv den Wahlkampf von Ottolines liberalem Ehemann Philip Morrell. Er verliert haushoch und büßt mit allen anderen liberalen Abgeordneten seinen Parlamentssitz ein – aber für Russell und Ottoline ist das wichtigste Ergebnis der Wahlkampagne, wie sich bald herausstellen wird, gänzlich unpolitischer Natur.

Ottoline ist groß, hat ein langes, schmales, etwas pferdeähnliches Gesicht; und ihre Haare mit dem ungewöhnlichen Farbton von Orangenmarmelade, nur um einen Hauch dunkler, findet Russell wunderschön. «Außerdem besaß sie einen unbezähmbaren Mut und einen eisernen Willen», beschreibt Russell seine Wahlmitkämpferin, die bald zur bevorzugten Kämpferin seiner Wahl wird und streitbar die drei Leidenschaften teilt, die nach Russells Worten sein Leben bestimmen: «Das Verlangen nach Liebe, der Drang nach Erkenntnis und ein unerträgliches Mitgefühl für die Leiden der Menschheit.»

Ottolines Gebrauch von Puder und Parfüm kommt ihm zwar anfangs übertrieben vor, aber dafür macht er seine «puritanischen Vorurteile» verantwortlich, und nach etwas Überwindung mag er Ottoline immer besser riechen.

1910 erhält Russell eine außerordentliche Professur für die Grundlagen der Mathematik am renommierten Trinity College in Cambridge. Im März 1911, unterwegs zu einer Vorlesung in Paris, übernachtet er im Londoner Haus der Morrells und bemerkt erstaunt einen neuen «Appetit», den er von zu Hause nicht kannte, hervorgerufen durch die Atmosphäre in Ottolines Haus am Bedford Square. Ihr erlesener, ihn manchmal verblüffender Geschmack steht in starkem Kontrast zum «quäkerischen Asketentum» seiner Frau Alys und zur ebenso «quäkerischen hausbackenen Einfachheit» ihres «Trieb- und Privatlebens». Alys trägt – *horribile dictu!* – «zum Beispiel stets Flanellnachthemden». Es ist schon spät, als Bertie und Ottoline sich den ersten Kuß geben, und obwohl sie bis vier Uhr morgens aufbleiben, «setzte die Unterhaltung mehrfach aus».

Russell lebt fortan in einer Traumwelt. Sein Gefühlsrausch steigert sich ins Unermeßliche, als ausgerechnet sein Zahnarzt glaubt, Krebs diagnostizieren zu müssen, denn nun ist seine Liebe «dem Rachen des Todes abgerungen» (auch wenn zu seiner Erleichterung ein anderer Spezialist die Krebsdiagnose bald dementiert). Russell spricht mit Alys, die stundenlang tobt. Er hält es zu Hause nicht mehr aus – unterrichtet noch eine von Alys' Nichten in Lockescher Philosophie – schwingt sich aufs Fahrrad und radelt direkt in Ottolines Arme. Es ist das Ende der ersten von Russells vier

Ehen, er trifft Alys erst 1950 «als gute alte Bekannte» wieder. So jedenfalls liest sich Russells Bericht im Zeitraffer seiner *Autobiographie*.

Die Wirklichkeit war langsamer und komplizierter – sie ist die Wirklichkeit Ottolines, die sich durch die Avancen eines solch bemerkenswerten Mannes zwar geschmeichelt und geehrt, gleichzeitig aber auch in Besitz genommen und dem Messer eines psychologischen Chirurgen ausgeliefert fühlt – einem Monstrum von Mann, dem Frau beim besten Willen nicht alles sagen kann. Sie liebt Russell, *will* ihn lieben, muß dabei aber «tapfer» sein; eine Fähigkeit, die im Schutz des Nebels viktorianischer Empfindsamkeit von der älteren Generation perfektioniert und dem jungen Mädchen mit auf den Weg gegeben wurde.

«Aber, zu meiner Schande, so sehr ich auch durch die Schönheit und Transzendenz seiner Gedanken erregt wurde», schreibt sie in ihren *Erinnerungen*, «war ich doch kaum imstande, den Mangel an physischer Anziehungskraft, den Mangel an Charme und Zärtlichkeit und Sympathie zu ertragen, die für mich so wichtig sind, und doch so selten». Denn sein unattraktiver Körper schien nur dann zu verschwinden, wenn «sich unsere Geister in einer einzigen Flamme vereinigten, als ob seine Seele die meine durchdrang».

Die viktorianisch geprägte Persönlichkeitsspaltung in Geist und Körper ist auch Ottolines zweite Natur. Sie *plant* ihre Liebe. Der nicht nur wegen seines Talents, sondern auch wegen seiner Schönheit und Eleganz allgemein bewunderte Maler Henry Lamb, dessen Freundschaft Ottoline vor Russell nicht erwähnt, kann es nicht fassen, daß sie ihre Gefühle ganz auf den steifen, dürren Cambridge-Professor übertragen will. Mit glühenden Liebesbriefen lockt er sie nach Paris. Russell wird weisgemacht, sie besuche ein befreundetes Ehepaar und habe zufällig Lamb getroffen. Sie schläft mit ihm am letzten Tag vor der Rückreise. «Der unglaublich kleine Raum», schreibt er hinter ihr her, «in dem du, heilige Frau, lagst ... und mich empfingst.» Das hält den Gefühlstransfer nicht auf. Er gelingt, während der nichtsahnende Russell eine Attacke plant, mit der er die religiösen Gefühle der heiligen Frau modernisieren möchte.

Obwohl auch Philip Morrell tobt, macht Ottoline zu Russells Ärger nicht die geringsten Anstalten, ihren Gatten zu verlassen, mit dem sie eine starke Zuneigung und ihre Tochter verbindet. Russell wird die unangenehme Größe von Ottolines Herz, für das Religion, Familie und die Liebe zum Schönen – auch die zum schönen Henry – sichere Anlegeplätze im geschützten Hafen bedeuten, während Russell draußen auf Reede liegt. Ärgerlich und vor allem unbequem sind auch die Bedingungen des Waffenstillstands, den Philip seiner Frau diktiert: die beiden Liebenden dürfen keine Nacht gemeinsam unter demselben Dach verbringen. Das *gentlemen's agreement* wahrt den gutbürgerlich-aristokratischen Schein, und Russell mietet sich in Ipsden ein, zehn Kilometer entfernt von Peppard, wo Ottoline ein Häuschen besitzt, zu dem er täglich radelt. Die Stärke seiner Leidenschaft klettert mit dem Thermometer, das im Sommer 1911 fünfunddreißig Grad im Schatten zeigt.

Das gesellschaftliche Leben geht also ungestört weiter. Lady Ottoline lädt Virginia Woolf in ihr Haus am Bedford Square ein, und auf einem Schnappschuß aus Virginias Tagebuch sieht man eine bunte Gesellschaft von Künstlern, Politikern und Eierköpfen, eine Begegnung der später so berühmt gewordenen Künstlergruppe aus London-Bloomsbury und Cambridge. Virginia registriert einen befremdlichen Strudel, in den sie alle hineingerissen werden, und in dem sich einen Augenblick lang «Hölzchen und Stöckchen» mischen.

«Da war, finster, in schwarzer Halsbinde und schwarzem Samtrock, Augustus John; da war, rosig, in goldbetreßtem, ordengeschmücktem Frack, auf dem Weg zum Buckingham Palace, Winston Churchill; da war, ein Feuerwerk von Epigrammen abbrennend, Raymond Asquith; da war Francis Dodd, der mir höchst anschaulich erzählte, wie er und Tante Susie Wanzen getötet hatten: sie hielt die Lampe, er eine Schüssel mit Paraffin, und in endlosem Strom liefen die Wanzen über die Zimmerdecke. Da saß, auf dem einen Ende des Sofas, Lord Henry Bentinck und auf dem anderen Nina Lamb. Da stand, gerade aus dem Unterhaus gekommen, verlegen stotternd, Philip Morrell vor dem Kamin. Da war Gilbert Cannan, der angeblich in Ottoline verliebt war; da war Bertie Russell, in den angeblich sie verliebt war.»

Und vor allem war da Ottoline selbst, die angeblich in Virginia verliebt war, wie Neffe Quentin den seiner Meinung nach rücksichtslosen Klatsch ergänzt. Zwar glaubt er nicht, daß je behauptet worden ist, Virginia habe diese Liebe erwidert. Doch klingt der Brief Virginias, in dem sie ihrer Schwester Vanessa Bell von Ottoline berichtet, gerade in seiner Mischung aus Überspanntheit, Bosheit und Belehrung verliebt. «Ich war so überwältigt von ihrer Schönheit, daß es mir vorkam, als wäre ich plötzlich tief unten im Meer und hörte die Seejungfern auf ihren Felsen flöten. Wie das zuging, weiß ich auch nicht; aber sie hatte Massen von rotgoldenem Haar, Wangen so weich wie Kissen, mit einem satten Rot auf den Jochbeinen, und einen Körper, der tatsächlich mehr meinem Begriff einer Seejungfer entsprach als alles, was ich bisher gesehen habe; kein Makel und keine Runzel, schwellend, aber glatt.

Auf dieser Linie bewegte sich auch unser Gespräch, so daß es mich nicht überrascht, einen guten Eindruck gemacht zu haben. Sie kam mir weit weniger närrisch vor, als ich erwartet hatte; sie war ganz scharfsinnig, wenn auch mitunter seicht. Mein Kurs ist der, ihr klarzumachen, daß sie nichts als ein Trug ist, was stimmt; vielleicht wird sie dann dementsprechend leben.»

Zweifellos hatte Virginia Ottoline gern. «Sie fand sie ebenso komisch, faszinierend und märchenhaft wie König-

Lady Ottoline Morrell war mehr von Russells Geist als von seinem Körper fasziniert, ertrug seine männlichen Bedürfnisse aber «tapfer».

tum oder Kirche», meint Quentin, «sie sah in ihr mehr ein Wundertier als eine Frau: ein legendäres, aber durchaus liebenswürdiges Relikt aus einem vergangenen Zeitalter.» In diesem *schrieb* man sich noch. Auf dem Höhepunkt ihrer Beziehung schreibt Russell nicht selten dreimal täglich an Ottoline, und das meiste, was wir über Ludwig Wittgensteins innere Entwicklung vor dem Ersten Weltkrieg in England wissen, erfahren wir aus den rund zweitausend Briefen Russells an seine Geliebte. Nach Meinung Quentins trug sie etwas Neues zum Leben in Bloomsbury bei: mondänen Glanz und ein Russell und Virginia willkommenes heterosexuelles Moment. Seine rüden maskulinen Vorurteile hält der Neffe keineswegs vornehm zurück: «Sie brachte Unterröcke und Frivolität in das durch Arschfickerei und hohen Gedankenflug geprägte Milieu des Fitzroy Square.»

2. Die Luft der Hochalpen. Dort, im Zimmer mit dem grünen Teppich und den zinnoberroten Vorhängen, erfährt Virginia in Gesprächen mit ihrem Schwager Jack Hills, was man als Frau über Männersex wissen sollte. Über «Sodomie» hatte sie sich schon im Alter von sechzehn Jahren informiert: Platon hat sie aufgeklärt, verrät *Eine Skizze der Vergangenheit*. Philosophie und Justiz – die alten Griechen und der Wilde-Prozeß – sind die spärlichen Quellen, aus denen sich die Viktorianer über das ihnen doppelt unaussprechliche Laster informieren konnten. In England bedeutet «sodomy» vorzugsweise die männliche Homosexualität, und wir haben keinen Beweis dafür, daß die Bloomsberries es unchristlich mit Ochs und Eselein getrieben hätten. In Deutschland traute ein auf moralische Profitmaximierung bedachter Gesetzgeber Sodomiten und Sodomitern beides zu und packte den unterstellten Parallelismus von Männer- und Tierliebe in den einen § 175.

Der Vergleich mit dem Tierreich hat eine lange Tradition, die ebenfalls auf Platon zurückgeht. Er war der Ansicht, Homosexualität sei *schlecht,* weil sie im Tierreich *nicht* vorkommt, und verlangt daher, «unsere Bürger sollten nicht schlechter als Vögel und andere Tierarten sein». Dagegen mahnt der mittelalterliche *Physiologus* im zweiten Jahrhundert nach Christus, Homosexualität sei schlecht, *weil* sie im Tierreich vorkommt: «Gleiche nicht der Hyäne dadurch, daß du bald die männliche, bald die weibliche Natur liebhast.» «Aber nein!» protestiert der *Pseudo-Lukian* aus dem zweiten Jahrhundert. Homosexualität ist *gut, weil* sie im Tierreich *nicht* vorkommt, denn «Löwen kennen solche Liebe nicht, da sie auch keine Philosophen sind». Auch für die letzte noch verbleibende Möglichkeit, Homosexualität sei *gut, weil* sie im Tierreich vorkommt, hat sich ein Parteigänger gefunden, der Gelehrte Corydon in André Gides gleichnamigem Traktat von 1911. Die Fragwürdigkeit dieser Argumente fiel schon vor zweitausend Jahren auf. Plutarch findet, daß es lächerlich sei, «das Verhalten unvernünftiger Tiere einmal als Beispiel herauszustellen und es ein andermal als bedeutungslos zurückzuweisen», während Seneca erkennt: «Die Natur schenkt nicht die Tugend, es ist eine Kunst, gut zu werden.»

Aber wie gut beherrschen die Viktorianer diese Kunst? Als Edward Morgan Forster, nach Virginia Woolf prominentestes Dichter-Mitglied des Bloomsbury-Kreises, «im Kindesalter die Masturbation entdeckt hatte und diese Tatsache seiner Mutter erzählte, sagte sie ihm, es sei ‹schmutzig›. Sie tat es zwar nicht in bedrohlicher Art und Weise, aber er spürte doch ihre Besorgnis, und seitdem kam in seinen Gebeten ‹hilf mir, diese schmutzige Sache los zu werden› vor.» Der homosexuelle Titelheld von Forsters 1913/14 geschriebenem, aber erst 1970 postum veröffentlichtem Roman *Maurice* nimmt in seiner Verzweiflung «zu den Praktiken Zuflucht, die er als Junge aufgegeben hatte, und er fand, daß sie ihm eine erniedrigende Art von Ruhe ermöglichten», die ihm wenigstens erlaubt zu arbeiten.

Nicht nur Forster und Russell, eine ganze Gesellschaft ist

auf «ihr Glied» verfallen, nachdem die Viktorianer die weitestgehende Tabuisierung des Sexuellen zu *ihrer* Kunst gemacht hatten – auf der Britischen Insel *und* auf dem Kontinent, wo Sigmund Freud 1907 unverblümt fragt, «ob unsere ‹kulturelle› Sexualmoral der Opfer wert ist, welche sie uns auferlegt». Im elitären Zuchtwahlsystem englischer Public Schools und Colleges institutionalisiert sich die Homosexualität als Wiederkehr des Verdrängten. Dr. Arnold, der viktorianische Schulreformer, fand Sodom und Gomorrha interessanter als Pompeji, die Ruinen der Moral aufregender als die der Kunst. Beim Anblick seiner Schuljungen in Rugby staunt er, «so viel Sünde mit so wenig Sorge» kombiniert zu sehen, denn die bösesten Buben schienen sich am besten zu amüsieren. Ein Schulkamerad von John Maynard Keynes, Bernard Swithinbank, erinnert sich an die gemeinsame Schulzeit in Eton:

«Im College waren Gefühl und Verlangen fast ausschließlich auf das männliche Geschlecht gerichtet – ich kannte kaum jemanden, der jemals an Frauen dachte. Das heißt nicht, daß es zu einer großen Zahl ‹lasterhafter› Handlungen gekommen wäre; tatsächlich betrachtete man es mit Mißbilligung, jedoch nicht ganz frei vom Neid der vielen, die ihr Verlangen aus Schüchternheit oder Tugendhaftigkeit unterdrückten. Maynard teilte das allgemeine Gefühl. Ich habe nichts davon gehört, daß man behauptet hätte, er würde sich dem ‹Laster› hingeben. In Cambridge war er tief bewegt von Platons Bildern geistiger Leidenschaft.»

Doch war seit dem Siegeszug des Christentums, was die körperlichen Leidenschaften anbelangt, der Katalog der «Laster» erheblich angeschwollen und machte die Viktorianer zu äußerst nervösen Schülern Platons, die am ganzen Leib zitterten. In Forsters Roman hatte Maurice' Freund Clive «dieses Stadium» über drei Jahre hinausgeschoben, «es war ihnen bewußt gewesen, daß ihre Liebe, auch wenn sie den Körper mit einschloß, keine Befriedigung finden durfte».

Bertrand Russell um 1910

Freud bringt es auf den Punkt: «Alle, die edler sein wollen, als ihre Konstitution es ihnen gestattet, verfallen der Neurose; sie hätten sich wohler befunden, wenn es ihnen möglich geblieben wäre, schlechter zu sein.» Während er das plüschige Seeleninterieur des Josephinismus und Wilhelminismus unter die Lupe nimmt, taucht in Cambridge ein erstaunlicher philosophischer Guru auf, der offenbar frei von moderner Nervosität ist: George Edward Moore.

Russell ist hingerissen. Moore ist ein bildschöner, schlanker Mensch mit einem von «innerer Begeisterung geradezu strahlenden Blick und einem Verstand, dem die Tiefe und Leidenschaft Spinozas eignete». Moore legt keinen Wert auf modische Äußerlichkeiten, wirkt weltfremd und ist kompromißlos aufrichtig. Erst in Cambridge sollte er mit Erstaunen erfahren, daß Unzucht und Sodomie nicht nur im Altertum praktiziert wurden. 1894 wird er in die studentische Geheimgesellschaft der «Apostel» aufgenommen, und Russell ist begeistert, als er dort Moore klar, flüssig und ohne Zeichen von Aufregung reden hört. Moore wirkt wie eine Mischung aus «Newton und Satan», findet Russell bei einem Vortag über Skeptizismus. «Skeptizismus kann Enthusiasmus nicht zerstören», proklamiert Moore, «etwas bleibt immer erhalten, und das ist Enthusiasmus für Skeptizismus.»

Seiner Frau Alys erläutert Russell diesen zweideutigen Gedanken als eigene Erfahrung: «Wenn du begeisterungsfähig veranlagt bist und an nichts glaubst, mußt du von deinem Unglauben begeistert sein.» Zwar stellt er bei Moore Leidenschaften und Emotionen fest, aber sie sind offenbar ausschließlich intellektueller und kritischer Natur. Russell erlebt eine Erhebung zu höheren Sphären: «Seine Kritik ist wie die Luft der Hochalpen», begeistert er sich, «ich verehre ihn beinahe wie einen Gott. Ich habe niemals eine derart überschwengliche Bewunderung für einen Menschen gehegt.» Erst als 1911 Ludwig Wittgenstein nach Cambridge

«George Edward Moore war damals ein bildschöner, schlanker Mensch mit einem von innerer Begeisterung geradezu strahlenden Blick und einem Verstand von der Tiefe und Leidenschaft Spinozas», schwärmt Russell. Moore hält «gut» für undefinierbar.

kommt, findet Russells Neigung zur Heldenverehrung ein neues Objekt.

Russell beschwört Moore, sein altphilologisches Anfangsstudium zugunsten der Philosophie aufzugeben und Nachhilfestunden in Differentialrechnung bei Whitehead zu nehmen (im ersten Fall mit Erfolg, im zweiten ohne). Er versucht auch, Moores Weltfremdheit zu bekämpfen. Als beide im Mai 1894 eine mehrtägige Wanderung durch Norfolk unternehmen und in zwei Tagen fast 65 Kilometer zurücklegen, treffen sie in einem Hotel auf einen Mann, der pausenlos unanständige Geschichten erzählt und dabei zu Moores Entsetzen auch vor den klassischen antiken Autoren nicht haltmacht. Während Moore außer sich ist vor Ekel, weidet sich Russell, den eigenen Abscheu überwindend, an der absurden Situation: Der Mann hält Moore, der zugibt, nicht ganz stubenreine Klassiker wie Petronius gelesen zu haben, für einen besonders schlimmen Finger, der nur so tut, als ob er kein Wässerchen trüben könne. Gegenüber Alys brüstet sich Russell damit, den unanständigen Schwadroneur «zu meinem Vergnügen» und zu Moores «Belehrung» ausgesucht zu haben.

Es ist ihr erstes Ehejahr, und bei den «Aposteln» diskutiert man über Moores Vortrag zum Thema «Sollen wir uns über die Zerstörung unserer Rosen freuen?», eine Skizze der «konventionellen Ansicht über Sexualmoral», die Beischlaf als unmoralisch verurteilt, wenn er nicht der Zeugung dient. Anschließend stimmt man über eine wichtige Frage ab:

«Muß Beischlaf lustvoll sein?»

«Nein!» antworten die meisten.

«Ja!» antwortet Moore und fügt hinzu: «Aber Lust ist gut da, wo sie hingehört.»

Moore löst auch lustvolle philosophische Empfindungen aus. Sein Aufsatz *Die Natur des Urteils* gibt 1899 ein beglückendes Gefühl der Abnabelung von Kant, Hegel und dem gesamten Idealismus. «Es war eine weidlich aufregende

Sache», erinnert sich Russell in seiner *Autobiographie*, «wieder an die Realität von Dingen wie Tische und Stühle zu glauben, wenn man vorher die ganze Sinnenwelt für irreal gehalten hat (...). Es machte mir Freude zu entdecken, daß Beziehungen real sind.» In der ersten Begeisterung vorübergehend zum naiven Realisten geworden, erfreut er sich daran, daß «Gras wirklich grün ist, trotz der gegenteiligen Meinung aller Philosophen seit Locke».

Russells Verehrung beruht nicht immer auf Gegenseitigkeit. Sein erster Biograph, Alan Wood, berichtet aus späterer Zeit einen bemerkenswerten Dialog:

«Du magst mich wohl nicht besonders, Moore, oder?»

«Nein», sagt Moore nach langem Überlegen.

Sie plaudern angeregt weiter – über andere Themen.

1903 erscheint Moores Hauptwerk *Principia Ethica*. Bloomsbury ist beeindruckt, Moore wird sein Prophet – ein klar denkender Logiker, der «gut» für philosophisch undefinierbar hält, denn was «gut» bedeute, könne nur der vernünftige gesellschaftliche Gebrauch zeigen. Die einzigen Dinge, die *in sich* gut sind, sind «Bewußtseinszustände» (states of mind), wovon die Freude menschlichen Umgangs und der Genuß schöner Dinge am wertvollsten sind. Dagegen können menschliche Handlungen niemals in sich gut sein; sie sind höchstens ein Mittel, um gute Bewußtseinszustände zu erreichen. Für Bloomsbury und die jüngeren Apostel sind die beiden letzten Kapitel der *Principia Ethica*, «Ethik in Beziehung zum Verhalten» und «Das Ideal», wichtiger als die logisch-philosophischen Erwägungen des Anfangs. Zwar akzeptiert Moore darin die konventionellen Moralvorschriften, soweit sie der gesunde Menschenverstand rechtfertigen kann, sie bleiben aber für das Bloomsbury-Programm der sexuellen Befreiung praktisch folgenlos. Er hält beispielsweise die oft mit «ehelicher Eifersucht» und «väterlicher Zuneigung» begründeten Keuschheitsregeln nicht für zwingend und kann sich leicht Gesellschaften vorstellen, in denen sie nicht gelten.

«In Zweifelsfällen sollte darum der einzelne seine Entscheidung lieber an einer direkten Abwägung des eigentlichen Werts oder Unwerts der Folgen, die seine Handlung hervorrufen kann, orientieren, statt Regeln zu befolgen, deren gute Wirkungen er in seinem besonderen Fall nicht zu sehen imstande ist.»

So bestätigt die philosophische Einsicht Freuds Diktum zur modernen Nervosität, und der moralisch exterritoriale Status der Alkoven der Bloomsberries bleibt gesichert.

Zu Moores eifrigsten Bewunderern gehört der Historiker und Journalist Lytton Strachey; ein großer, dünner, ausgemergelt wirkender Bücherwurm mit weiten, intelligenten, bebrillten Kuhaugen, nicht ganz gerader, knolliger Nase und breiten, verträumten Lippen, unter denen ein dunkler, fuchsfarbener Bart wuchert. Im Stehen beugt er sich leicht vor, im Sitzen sackt er wie leblos in sich zusammen. Er spricht mit tonloser, flacher Stimme und läßt hin und wieder ein spitzes Backfischkichern hören. Lytton kann vor Begeisterung über Moore kaum an sich halten und ist mehrmals drauf und dran, Moore zu fragen, ob dieser jemals homosexuelle Gefühle hätte, schreckt aber immer vor der kühlen Aura des Heiligen zurück und stammelt nur brieflich: «Lieber Moore, ich hoffe und bete, daß du dir klarmachst, wieviel du uns bedeutest.» Lytton sieht in Moore einen zweiten Platon und erwartet, daß Plakate in Cambridges Straßen auftauchen, die den Untergang Kants und den Tod Herbert Spencers ankündigen, «aber da gab's nur was über den Herzog von Devonshire». An Moore schreibt er: «Ich habe dein Buch gelesen und möchte sagen, daß ich aufgeregt und beeindruckt bin (...). Ich datiere den Beginn des Zeitalters der Vernunft auf Oktober 1903.»

3. *Die Geschichte von den Stachelschweinen.* In Cambridge, in London, in Wien – nirgendwo und überall drängt sich die Gesellschaft der Stachelschweine an kalten Winter-

Lytton Strachey, gezeichnet von Duncan Grant

tagen zusammen, um sich zu wärmen und dem Tod durch Erfrieren zu entrinnen.

«Jedoch bald empfanden sie die gegenseitigen Stacheln; welches sie dann wieder von einander entfernte. Wenn nun das Bedürfniß der Erwärmung sie wieder näher zusammen brachte, wiederholte sich jenes zweite Übel; so daß sie zwischen beiden Leiden hin und hergeworfen wurden, bis sie eine mäßige Entfernung voneinander herausgefunden hatten, in der sie es am besten aushalten konnten. – So treibt das Bedürfniß der Gesellschaft, aus der Leere und Monotonie des eigenen Inneren entsprungen, die Menschen zu einander; aber ihre vielen widerwärtigen Eigenschaften und unerträglichen Fehler stoßen sie von einander ab. Die mittlere Entfernung, die sie endlich herausfinden, und bei welcher ein Beisammenseyn bestehen kann, ist die Höflichkeit und feine Sitte. Dem, der sich nicht in dieser Entfernung hält, ruft man in England zu: *keep your distance!* – Vermöge derselben wird zwar das Bedürfniß gegenseitiger Erwärmung nur unvollkommen befriedigt, dafür aber der Stich der Stacheln nicht empfunden. – Wer jedoch viel eigene, innere Wärme hat bleibt lieber aus der Gesellschaft weg, um keine Beschwerde zu geben, noch zu empfangen.»

Schopenhauers Geschichte aus den *Parerga und Paralipomena* gehört zu den Lieblingsgeschichten, *Die Welt als Wille und Vorstellung* zu den ersten philosophischen Lesefrüchten Ludwig Wittgensteins. Seine erste Philosophie ist nach Georg Henrik von Wrights Erinnerung ein erkenntnistheoretischer Idealismus schopenhauerscher Prägung, noch ohne Verbindung zu Wittgensteins späteren Hauptinteressen Logik und Mathematik. Erst die Bekanntschaft mit dem Begriffsrealismus von Gottlob Frege wird dazu führen, daß Wittgenstein seine frühen Ansichten aufgibt.

Im kaiserlichen Österreich klingt der Name «Wittgenstein» wie «Krupp» in Deutschland und «Carnegie» in Amerika. Dem Vater Karl Wittgenstein gehört eins der größten österreichischen Eisen- und Stahlunternehmen, dessen immensen Reichtum die Familie über zwei Weltkriege rettet. Auch nach altem Adel klingt dieser Name. Noch in den fünfziger Jahren, Blütezeit des anglo-amerikanischen Wittgenstein-Kults, kann man in der Londoner *Times* lesen, Ludwig Wittgenstein entstamme nicht nur dem Geldadel, sondern einem echten Adelsgeschlecht. Das ist falsch – so einfach war die Beziehung zwischen Ludwigs Vorfahren und den Fürsten von Sayn-Wittgenstein nicht.

Die Familiengeschichte läßt sich bis zu einem gewissen Ahron Meier Moses zurückverfolgen, der 1765 in der hessischen Kleinstadt Laasphe die Synagogengemeinde mitgegründet haben soll. Er hatte den Status eines sogenannten Schutzjuden, der als Angehöriger des Volkes Israel galt und dessen Leben, Besitz, Eheschließung und Geschäftsausübung einen besonderen Schutz, ursprünglich des Kaisers, dann des Landesherrn erhielt, und sich auch auf die Ehefrau und die unverheirateten Kinder erstreckte. Im Gegensatz zum «Toleranzjuden», der nur geduldet wurde und ohne Schwierigkeiten vom Landesherrn abgeschoben werden konnte, bedeutete das eine relativ sichere gesellschaftliche Situation. Ahron Meiers Sohn Moses Meier wurde Hoffaktor seines Herrn, des Fürsten von Sayn-Wittgenstein. Als die Juden gezwungen wurden, deutsche Familiennamen anzunehmen, wählte Ahron den seines Fürsten, worüber dieser sich erbost und Ahron verprügelt haben soll. Der neugebackene, durchaus nicht fürstliche Wittgenstein zog später ins nordhessische Städtchen Korbach im Fürstentum Waldeck.

Mit seinen Söhnen, darunter Ludwig Wittgensteins Großvater Hermann Christian, begann der Aufstieg einer erfolgreichen Fabrikantenfamilie. 1839 ließ sich Hermann Christian in Leipzig, wo er zusammen mit einem Bruder mit Wolle handelte, evangelisch taufen und erwarb ein Jahr später die Bürgerrechte. Auch die anderen Nachkommen von Moses Meier traten zum Protestantismus über, ebenso wie

Karl Wittgenstein, der Vater – im Vorkriegsösterreich ein Name wie «Krupp» in Deutschland oder «Carnegie» in Amerika

Hermann Christians jüdische Frau Franziska Figdor, die er, mittlerweile in Wien, 1851 heiratete. Seine nicht-jüdische Schwiegertochter, Ludwig Wittgensteins Mutter Leopoldine Kallmus, erzog ihre acht Kinder jedoch im römisch-katholischen Glauben.

Die erfolgreiche Verbindung von kapitalistischem Geist und protestantischer Ethik, die in zwei Generationen erfolgte, schnelle bürgerliche und religiöse Assimilierung der Familie Wittgenstein – Karl Wittgenstein war manisch davon überzeugt, alles sei machbar – forderte jedoch einen nicht geringen Preis, den auch Leopoldine mitbezahlen mußte. Sie soll nach den *Familienerinnerungen* ihrer Tochter Hermine zum Mitleiden begabt, aber zur Einfühlung unfähig gewesen sein und ging in einem Pflichtbewußtsein auf, das die acht Kinder wie abstrakte, unverstandene Größen einsetzte. Beim Hören der *Matthäuspassion*, an der Stelle, wo Jesus den Aposteln Vorwürfe macht, daß sie nicht mit ihm wachten, schoß Hermine einmal durch den Kopf: «Meine Mutter wäre nicht eingeschlafen.»

Die moralische Buchführung, die Widersprüche von Soll und Haben im ethischen Bereich, grundieren die Lebensstimmung der Kinder Karls, trotz der Geborgenheit, die Reichtum bieten kann, mit dunklen Farben. Bis zum Ende des Ersten Weltkriegs werden nicht weniger als drei Brüder Ludwigs aus ethischen Motiven, die mit Homosexualität, Pflichtgefühl oder beidem zusammenhängen, Selbstmord begehen. Ebenso wird Ludwig Wittgenstein sein ganzes Leben lang mit Selbstmordgedanken spielen.

Im Mai 1904 geht Ludwigs Bruder Rudolf abends in eine Berliner Kneipe und bestellt zwei Bier. Er gibt dem Pianisten ein Trinkgeld, um sein Lieblingslied *I am lost* zu hören, schluckt Zyankali und bricht zusammen. Rudolf hatte sich kurz vor seinem Tod für die Emanzipation der Homosexuellen eingesetzt, seine Abschiedsbriefe nennen den Tod eines Freundes und die Angst vor der «Perversion» als Grund für

Ludwig Wittgenstein im Alter von etwa 18 Jahren (um 1907)

den Freitod. Ein Wittgenstein kann nie *genug* Charakter und Anständigkeit haben. Ludwig wird auffällig vom Wohlwollen seiner Umgebung abhängig, als müsse er ihr die zum Leben unentbehrliche menschliche Wärme entziehen – selbst wenn es Menschen waren, die er verachtete. In einer späteren, skizzenhaften Selbstanalyse, die gerecht und vor allem nicht «satirisch» sein will, schreibt er:

«Ich war ein zärtliches dabei aber ein charakterschwaches Kind so weit meine Erinnerung zurückreicht. Ich habe schon sehr früh die größere Charakterstärke meines Brudes Paul erkannt. Wenn er ein wenig krank gewesen und rekonvaleszent war, und man fragte ihn, ob er schon aufstehen oder lieber noch im Bett bleiben möchte, so sagte er ruhig, er wolle lieber noch liegen bleiben; während ich im gleichen Fall die Unwahrheit sagte (ich wollte aufstehen) weil ich die schlechte Meinung meiner Umgebung fürchtete.»

Mit acht oder neun Jahren steht er in einer Tür seines herrschaftlichen Vaterhauses und denkt: «Warum soll man die Wahrheit sagen, wenn es einem vorteilhafter ist zu lügen?» Er denkt logisch und sieht nichts, was dagegen spricht. Er kommt sich nicht wirklich böse vor, und seine Lügen haben nur den Zweck, ihn in den Augen anderer angenehmer erscheinen zu lassen – Lügen aus Feigheit, wie er findet – vieldeutige Sprachspiele, die Schopenhauers Stachelschweine miteinander spielen, um den richtigen Abstand zu finden.

Als führender Industrieller gehört Karl Wittgenstein auch zu den großen Kunstmäzenen Wiens. In seinem prächtigen Palais musizieren berühmte Künstler wie der Geiger Josef Joachim und der Komponist Johannes Brahms. Für den überdurchschnittlich musikalisch begabten Ludwig – er soll das absolute Gehör gehabt haben – ist Musik jedoch eher die schönste Nebensache der Welt, auch wenn er eine Zeitlang Dirigent werden will. Seit frühester Jugend interessiert er sich aber auch für Maschinen aller Art. Schon als kleiner

Junge baut er eine funktionierende Nähmaschine. Nach der Schule will er bei Ludwig Boltzmann in Wien Physik studieren, was durch dessen Selbstmord 1906 unmöglich wird. Daraufhin besucht er die Technische Hochschule in Berlin-Charlottenburg.

«Zu dieser Zeit oder etwas später ergriff ihn plötzlich die Philosophie, d. h. das Nachdenken über philosophische Probleme, so stark und völlig gegen seinen Willen, daß er schwer unter der doppelten und widerstreitenden Berufung litt und sich wie zerspalten vorkam», berichtet Ludwigs fünfzehn Jahre ältere Lieblingsschwester Hermine in ihren nach dem Zweiten Weltkrieg abgefaßten *Familienerinnerungen*. «Es war eine von den Wandlungen, deren er noch mehrere in seinem Leben durchmachen sollte, über ihn gekommen und durchschüttelte sein ganzes Wesen.» Ludwig schreibt an einem philosophischen Buch.

«Meine Grundideen sind mir sehr früh in den Sinn gekommen», erzählt Wittgenstein später seinem Freund Drury.

«Schopenhauer?» fragt Drury.

«Nein; ich kann, glaube ich, recht deutlich erkennen, wie weit Schopenhauer es mit seiner Philosophie gebracht hat – doch wenn ich Schopenhauer lese, scheint mir, daß ich hier sehr schnell bis auf den Grund sehe. Er ist nicht tief in dem Sinne, in dem Kant und Berkeley tief sind.»

Schopenhauer mag verdienstvoll, und seine Gedanken mögen schön sein, ein tiefer Denker nach Wittgensteins Begriff aber *zeigt* darüber hinaus etwas durch das organische Ganze seines Gedankengebäudes – ohne daß es besonders *gesagt* werden müßte – ein Hauptziel des *Tractatus logico-philosophicus*, der ihn nach dem Ersten Weltkrieg berühmt machen wird. Auch Schopenhauer träumte von einer Struktur, «wo jeder Theil eben so sehr das Ganze erhält, als er vom Ganzen gehalten wird» – «alles das», sagt Wittgenstein, «was die Musik für mich in meinem Leben bedeutet hat».

Selbstporträt von Duncan Grant – dem emotionalen Mittelpunkt des Bloomsbury-Kreises

4. Die Bloomsbury-Gavotte. Aber zurück nach Bloomsbury. Lange ist Duncan Grant, der Maler und spätere Lebensgefährte von Vanessa Stephen, Virginias Schwester, emotionaler Mittelpunkt der Bloomsbury-Gruppe. Als 1908 der später als Wirtschaftswissenschaftler und Politiker weltberühmt gewordene John Maynard Keynes seinem guten Freund Lytton Strachey diesen Duncan ausspannt, beginnt das, was Moores Biograph Paul Levy die «Bloomsbury-Gavotte» nennt, «ein graziöser romantischer Tanz, bei welchem die Partner sich paaren, trennen und zu jemand anderem überwechseln, ohne daß sie auf der Suche nach einem neuen Partner die Tanzfläche verlassen mußten».

Keynes besitzt den schärfsten, klarsten Verstand, den Russell je erlebt hatte.

«Wenn ich mich mit ihm auf eine Diskussion einließ, wußte ich, daß ich Kopf und Kragen riskierte, ich ging selten daraus hervor, ohne mir selbst ein bißchen dumm vorzukommen. Ich war zuweilen versucht, anzunehmen, eine derartige Gescheitheit müsse mit Tiefgründigkeit unvereinbar sein, aber ich glaube doch nicht, daß diese Mutmaßung gerechtfertigt ist.»

Als lebenslang begeisterter Anhänger von Moores Ethik schildert Keynes in seinen Memoiren deren praktische Auswirkung:

«Wir lehnten eine persönliche Verpflichtung zur Befolgung allgemeiner Regeln ab. Wir beanspruchten das Recht, jeden Fall nach seiner Eigenart zu beurteilen, und die Weisheit, dabei erfolgreich zu sein. Das war ein sehr bedeutender Teil unseres Glaubens, den wir leidenschaftlich und aggressiv vertraten, und für die Außenwelt war es unser auffälligstes und gefährlichstes Merkmal. Wir lehnten vollständig die gängigen Moralvorschriften, Konventionen und die traditionelle Weisheit ab. Wir waren mit anderen Worten im eigentlichen Sinne des Wortes Immoralisten.»

Nicht nur Maynard, auch sein Bruder und seine Schwester

John Meynard Keynes und Bernard Swithinbank

haben bisexuelle Neigungen. Zwar gibt es, wie Keynes' Biograph Robert Skidelsky meint, keine befriedigende Erklärung für Homosexualität, ihr gehäuftes Auftreten in den Familien der englischen Upper-Middle-Klasse ist jedoch kein Zufall. Maynard war wie Lytton im Glauben an die geistige und körperliche Minderwertigkeit der Frau erzogen worden – «höhere Sodomie», wie sie es nennen, erscheint ihnen unter der Schirmherrschaft Platons ethisch wertvoller als die Mann-Frau-Beziehung. Maynard verbringt wie die meisten seiner Freunde eine viktorianisch geprägte Jugend und einen bedeutenden Teil seines Erwachsenenlebens in einer Umgebung, die Frauen außerhalb der Familie praktisch ausschloß oder sie nur als dienstbare, geschlechtslose Geister duldete, fast so wie die Bettmacherinnen der Cambridger Colleges, die laut Statuten weder jung noch schön – *nec juvenis nec pulchra* – sein dürfen.

Skidelsky sieht in Keynes und seinen Freunden «entfremdete intellektuelle Ex-Schuljungen», die mittels Homosexualität einen normalen, unkomplizierten, menschlichen Kontakt suchen. «Das ist es, was alle von UNS – der schreckliche Intelligente, der Unglückliche, der Künstlerische, der Zerrissene, der Vergewaltigte – im geheimsten anbeten und am leidenschaftlichsten, am vergeblichsten lieben», schreibt Lytton 1903. Auch wenn er der Ansicht ist, daß Gefühle gut, aber die besten «sodomitischer Natur» seien, so ist dieser «Immoralismus» doch keine Wüstlingsunmoral, sondern ebenso wie der von Keynes stark philosophisch-ethisch motiviert.

Zu den frühen philosophischen Übungen des 1905 kurz vor seinen ersten Prüfungen stehenden Studenten Maynard gehören die *Miscellanea Ethica*. Unzufrieden mit zuviel Theorie, will er Moores «spekulativer» Ethik eine praktische zur Seite stellen. «Das Ganze würde in Baskerville-Schrifttypen gesetzt und in 150 Bänden veröffentlicht werden.» Für Keynes ist die Lektüre der *Principia Ethica* «eine neue Wiedergeburt, das Öffnen eines neuen Himmels auf Erden». Gegenüber Lytton begeistert er sich: «Es ist unmöglich, das Wunder und die *Originalität* Moores zu übertreiben», und liest die *Principia Ethica* gleich zweimal hintereinander. Moore beeinflußt ihn ein Leben lang, auch nachdem in den zwanziger Jahren die meisten Bloomsburries zur Heterosexualität konvertieren oder im Hafen der Ehe landen. Diese Institution wissen die Gavotte-Tänzer (ebenso wie Oscar Wilde) in ironischer Umkehrung ihres viktorianischen Sinns auch als Sichtblende gegen den Rest der Gesellschaft zu schätzen.

Seit dem Criminal Law Amendment Act von 1885 standen auf Oscar Wildes «Liebe, die sich in unserem Jahrhundert ‹stets verhehlt›», in England drakonische Strafen: Wilde wurde zu zwei Jahren Zwangsarbeit verurteilt. Erst das Gesetz über sexuelle Vergehen (Sexual Offences Act) von 1967 aufgrund des zehn Jahre zuvor erstellten Wolfenden-Reports über Homosexualität und Prostitution wird – nach langer Diskussion – private homosexuelle Aktivitäten in gegenseitigem Einverständnis zwischen nicht den Streitkräften angehörenden Erwachsenen über 21 Jahre legalisieren.

Auch bei einer Reise seiner Freunde ins tolerantere, vom Code Napoléon regierte Paris malt sich Lytton 1907 besorgt aus, was er in London unternehmen müßte, wenn die Polizei zuschlägt. Er hätte dann in England Leumundszeugnisse zu sammeln. Im Fall Keynes wäre das nicht schwierig, denn unter dessen zahlreichen Beziehungen gäbe es den Sohn eines Bischofs, der tugendhaftes Verhalten in Eton beschwören könnte; Duncan Grant braucht als Künstler nichts zu befürchten; Lyttons Bruder James wirkt so unschuldig, daß auch die Polizei ihm nichts Schlimmes zutrauen wird; nur für Maynards Freund Harry Norton, dem Virginia später einmal «alle zehn Tage Beischlaf, um seine unterdrückten Triebe zu befreien» verordnet, sieht es schlecht aus – vielleicht geht er als *anglais fou* durch. Paul Levy sieht gerade den großzügigen und risikofreudigen Keynes, eine Spielernatur, als gefährdet an:

«Seine Liebeshändel mit Leuten, die einer sozial niedrigeren Klasse angehörten, bargen immer die Gefahr – sei es nun aus Versehen oder aus böser Absicht – einer Enthüllung, die seiner Karriere geschadet und seine Eltern und ihre Freunde verletzt haben würde. Obwohl Keynes und auch alle Apostel und Mitglieder der Bloomsbury-Gruppe Konventionen haßten, wußten alle, daß es riskant war, sich über sie hinwegzusetzen.»

So tanzt man die Bloomsbury-Gavotte klassenbewußt in stark durchgeistigten Figuren und unterscheidet sich dadurch von moderneren Formen der Promiskuität. Sie ermöglicht im noch jungen zwanzigsten Jahrhundert eine Näherungslösung für sexuelle Gleichberechtigung im windgeschützten, sorgsam abgeschlossenen privaten Treibhaus einiger Londoner und Cambridger Künstler- und Akademikerfamilien. Die Exklusivität der «Apostel» dagegen hatte ganz andere Ursachen.

5. *Die Apostel der «Cambridge Conversazione Society».* Die Geheimgesellschaft «Cambridge Conversazione Society», abgekürzt «die Apostel» oder einfach «Society», wurde um 1820 im St. John's College als Debattierklub gegründet und in den folgenden Jahren in das modischere Trinity College verlegt. Die Mitglieder – anfangs waren es tatsächlich zwölf – trafen sich samstags hinter verschlossenen Türen. Bei Tee und Toasts mit Anchovis (die später durch Sardinen – im Jargon der Apostel «Wale» – ersetzt wurden) las man sich Aufsätze vor und diskutierte vorwiegend über moralphilosophische Fragen. Zu Russells Zeiten, der bis zu seiner Aufnahme nichts von der Existenz der Society ahnte, endet die Versammlung meist gegen ein Uhr nachts, und ruhelose Diskutanten wandern anschließend oft stundenlang in den Kreuzgängen von Trinity umher.

Die Apostel verbindet Geschmack, Studien, literarische

Russell 1913, von Augustus John gezeichnet.

Ambitionen, persönliche Freundschaft und ein ausgeprägter Stolz, «erwählt» worden zu sein, insbesondere nachdem die Liste bedeutender Apostel immer länger wurde – John Maynard Keynes war bereits Apostel Nr. 243. Die Society ähnelt eher einer großen Familie als einem normalen Verein. Man trifft sich fast täglich bei Wein und Tabakqualm. Samstags wird es feierlich, wenn ein Bruder ein Essay über ein selbstgewähltes Thema abliefert, das in respektlosen Diskussionen der Kritik ausgesetzt wird. Russell erinnert sich: «Grundsätzlich gab es bei der Diskussion keinerlei Tabus, keinerlei Begrenzungen, nichts wurde als anstößig betrachtet, keinerlei Schranken bestanden für die unbedingte Freiheit spekulativen Denkens.» Auch witzigen, sarkastischen, ironischen oder schlicht unflätigen Beiträgen sollte der apostolische Geist auf den Grund gehen und ihren suggestiven oder belehrenden Inhalt erfassen. George Edward Moore führt sich als Student im ersten Semester durch einen Vortrag ein, der mit den Worten «am Anfang war die Materie, und die Materie zeugte den Teufel, und der Teufel zeugte Gott» beginnt und mit dem Tod von Gott und Teufel endet. Edward Morgan Forster debütiert 1901 über die Frage «Sind Krokodile die besten Tiere?».

Lytton Strachey steuert während seiner aktiven Zeit fast zwanzig Vorträge bei und darf außerdem für sich den Ruhm in Anspruch nehmen, eins der letzten bei den Aposteln noch existierenden Tabus gebrochen zu haben. In Gedicht und Vortrag vor den Brüdern verherrlicht er ein gewisses Etwas, das auf ihn schon immer einen «außerordentlichen Zauber» ausgeübt habe, jenen «geheimnisvollen und intimen Vorgang», zu dem man sich gewöhnlich auf ein stilles Örtchen zurückzieht. «Ich scheine darin ein letztes Relikt unserer animalischen Vorfahren zu sehen – eine merkwürdige Erinnerung an die Erde, der wir entsprungen sind. Der Gedanke, daß jedes Mitglied der menschlichen Rasse – jener Rasse, die Shakespeare zeugte und Sterne wog – sich jeden Tag zurückzieht, um einen stillen und unbestreitbaren Beweis seiner morgendlichen Verfassung zu geben, ist für mich mit unaussprechlicher Bedeutung erfüllt. Da gibt es wahrhaftig ein einzigartiges Merkmal der Natur, das die ganze Welt verwandtschaftlich verbindet! Da gibt es genug, um den Idealisten für immer verstummen zu lassen! Da – in dieser mystischen Erleichterung unserer Körper – dieser unbeantwortbaren Erinnerung an Sterblichkeit!» Das «ich *scheine* darin ... zu sehen» gibt dieser Stelle eine überzeugend reale Unsicherheit mit psychoanalytischem Flair.

Für den jungen Lytton bedeutet die Society eine Befreiung von jahrelanger Einsamkeit, denn mit den Brüdern kann er über so manche Probleme reden. «Meine Kenntnis von Frauen ist gering: ich kenne sehr wenige auch nur annäherungsweise, und ich muß zugeben, daß ich niemals in eine verliebt war.» Russell machte sich schon 1894 darüber Gedanken, ob auch Frauen als Mitglieder aufgenommen werden sollten, was mit einer Ausnahme alle befürworten. Alys Russell lehnt jedoch die Idee ab: «Ich glaube nicht, daß sehr junge Leute unterschiedlichen Geschlechts sexuelle Themen gemeinsam diskutieren sollten», dann würden nämlich Aufrichtigkeit und Offenheit der Diskussion leiden. Trotz der prinzipiellen Aufgeschlossenheit der Apostel wird das erste weibliche Mitglied erst 1970 gewählt.

Die Riten der Apostel waren einem Studentenulk über die deutsche Metaphysik entsprungen und durchsetzt von blasphemischen Akzenten gegen die christliche Doktrin, deren Sprache man übernahm. Anstelle einer Kanzel bediente man sich des Kaminvorlegers. Älteren, nicht mehr aktiven Mitgliedern, die nicht selten den Sitzungen der jüngeren beiwohnten, waren «Flügel» gewachsen, sie waren zu «Engeln» geworden. Kandidaten für die Mitgliedschaft, die von ihrer Nomination nichts erfahren durften, hießen «Embryos». Die Society war «die Welt der Wirklichkeit», der Rest der Welt nur «Schein», Nichtmitglieder waren «Erscheinungen».

«Entschuldige diese eiligen Zeilen», schreibt ein Apostel-Bruder an Russell, «der Teufel hole die blödsinnigen Popanze Raum und Zeit, die die Unverschämtheit haben zu behaupten, sie trennten uns jetzt. Wohingegen wir doch wissen, daß sie nichts zu tun haben mit jener wahren Existenz, in deren Banden ich von Anfang an war, jetzt bin und immer sein werde.»

Unter den Aposteln finden sich viele wortgewandte Philosophen, während die meisten bedeutenden Naturwissenschaftler des neunzehnten Jahrhunderts wie Charles Darwin oder J. W. Rayleigh der Society entgingen. Gegen einen gewissen Henry John Roby, der zu Tennysons Zeiten in die Gesellschaft aufgenommen wurde, ihr aber mitteilte, er habe zu viel zu tun, um an den Sitzungen teilnehmen zu können, wurde ein Bannfluch verhängt. Man schrieb seinen Namen fortan stets klein, jedem neuen Mitglied wurde feierlich die Bannbulle vorgelesen. Diesem schrecklichen Schicksal wird Wittgenstein später nur knapp entgehen.

Die Society machte mehrere Stilwandlungen durch. Um 1890 hat sie unter dem Einfluß wichtiger späterer Politiker der viktorianischen Zeit ein recht «weltliches» Stadium erreicht, und die Generation von Russell, der 1892 aufgenommen wird, reagiert mit Reformen auf die «Zylinderhutepoche», für die insbesondere Oxforder Apostel verantwortlich gemacht werden. Geheimhaltung und Exklusivität werden verstärkt, Selbsterfüllung soll über Selbstbeförderung gehen, Philosophie über Politik und Wertdenken über blinden Aktionismus. Lytton Strachey wird 1902 Bruder und sieht in Oxford, das in Cambridge ohnehin nur *the other place* oder noch anonymer *another place* genannt wird, «die Glorifizierung der Halbheit». Unter Strachey, der bald den Ton angibt, wandelt sich die Society nochmals. «Wir waren Viktorianer; sie waren Edwardianer», charakterisiert Russell die zehn Jahre jüngere Generation. «Wir glaubten an geordneten Fortschritt mittels Politik und freier Diskussion. Die

Selbstsichersten von uns hatten wohl gehofft, Führer der Massen zu werden, doch keiner unter uns hatte den Wunsch, von ihnen geschieden zu sein. Die Generation der Keynes und Lyttons dagegen wollte keinerlei Verwandtschaft mit dem Spießbürgertum bewahren.» Russell ist von den Veränderungen nicht gerade begeistert. Er findet, die neuen Apostel betrieben «ein Leben der Zurückgezogenheit zwischen feinen Tönungen und schönen Gefühlen» und stellten sich das Gute «als die leidenschaftliche gegenseitige Bewunderung eines Eliteklüngels» vor. Die Ethik von George Edward Moore, auf die man sich dabei berufe, werde zu einer Propaganda für muffige Mädchenschulsentimentalität herabgewürdigt.

Doch unter Lytton Strachey als Sekretär der Society treten noch andere Änderungen ein, die Russell, den ein ausschließlich auf Frauen fixierter Geschlechtstrieb in Mondscheinnächten ruhelos «in einem Zustand zeitweiliger Verrücktheit» durch das schlafende Cambridge wandern läßt, außerordentlich nerven. «Seitdem waren zwischen den Mitgliedern homosexuelle Beziehungen gang und gäbe», enthüllt er in seiner *Autobiographie*, «zu meiner Zeit war dergleichen jedoch unbekannt». E. M. Forsters Biographie läßt jedoch vermuten, daß der Bekanntheitsgrad dieser Form der Liebe unter den Brüdern wahrscheinlich nicht gar so gering war. Paul Levy meint, daß bei den Aposteln schon früh eine Art «höhere Sodomie» oder «ideologische» Homosexualität zu verzeichnen war, die sich jedoch mehr in Worten als in Taten äußerte. Jedenfalls betrachteten experimentierfreudige Apostel der alten Schule Homosexualität als Privatsache und behielten ihre Heldentaten für sich.

Unter den neuen Aposteln, aus deren Kern sich auch das männliche Zentrum der Londoner Bloomsbury-Gruppe um Strachey und Keynes – nach Robert Skidelsky eine «Erweiterung des Apostolischen Cambridge» – rekrutiert, lockern sich die Sitten. Die Apostel «waren eine zivilisierte Antwort auf die Barbarismen der englischen öffentlichen Schulerziehung und die erstickenden Moralismen des englischen Familienlebens und außerdem ein Ausdruck der merkwürdigen Fähigkeit der Engländer, die männlichen Angehörigen ihrer Oberklasse in einem Zustand versteinerter Pubertät zu belassen».

In Cambridge wundern sich um 1908 Besucher über die Offenheit, mit der männliche Paare ihre pubertären Neigungen zur Schau stellen. Lyttons jüngerer Bruder James und der knackige Bergsteiger George Mallory streicheln in aller Öffentlichkeit ihre Gesichter, und Maynard schreibt nach einem denkwürdigen Gründungsfest im Dezember 1909 an Duncan Grant: «Der gestrige Abend wird eine Epoche in der Sittengeschichte des King's markieren. Falls es früher Ausschweifungen gegeben hatte, waren sie Privatsache. Die Umgangsformen (manners), nicht die Sitten (morals) haben nachgegeben. Ganz plötzlich sind unsere starren konventionellen Regeln, daß man sich nicht öffentlich küßt, total zusammengebrochen – wir haben uns alle geküßt! Die Szene war unbeschreiblich. Alfred, Frankie, Gerald, Mr. Hardman, Sheppard – und viele andere (...) alle waren da. Weiß der Himmel, wie sich das auf unseren guten Ruf auswirkt (...). Wir haben uns nie zuvor so aufgeführt – ich weiß nicht, ob jemals wieder ...»

Erst Lytton Strachey und Keynes werten die Homosexualität zum allgemein akzeptierten Verhalten unter den Brüdern und zu einer Waffe im Kampf gegen die bürgerlich-viktorianische Welt auf. «Wir können uns nicht damit begnügen, nur die Wahrheit zu sagen», schreibt Lytton 1906 an Keynes und meint dabei die Bekehrung der Welt zum «Stracheyesken Moorismus». «Wir müssen die ganze Wahrheit sagen, und die ganze Wahrheit ist der Teufel. Voltaire schaffte das Christentum durch den Glauben an Gott ab. Es ist verrückt, davon zu träumen, älteren Damen verständlich zu machen, daß Gefühle gut sind, wenn wir im gleichen Atemzug sagen, daß die besten sodomitischer Natur sind. Wenn wir schlau und vorsichtig zu Werke gehen, würde ich sagen, könnte es klappen. Aber warum sollten wir uns die Arbeit machen? Insgesamt glaube ich, daß unsere Zeit ungefähr in hundert Jahren kommt, wenn die Sache vorbereitet worden ist und Kompromisse geschlossen wurden, so daß, nach der Publikation unserer Briefe, schließlich jeder konvertiert sein wird.»

Homosexualität als freundlich verlängerte Jugendzeit, als philosophischer Ausweg aus den sexuellen Tabus der viktorianischen Zeit, und Bisexualität als gleitender Übergang in das Erwachsenenalter – am Ende steht für die meisten Bloomsburries jene letzte Pirouette der Bloomsbury-Gavotte, die Ehe. Als einer der letzten heiratet Keynes 1925 zur allgemeinen Überraschung und sehr zum Mißfallen der meisten Bloomsburries eine russische Tänzerin, während Wittgensteins Eheversuch mit der Schweizerin Marguerite Respinger 1930 scheitert.

6. *«M» und «W».* Eine Liste, in der Wittgenstein 1931 die wichtigsten Autoren, die ihn geprägt haben, vermutlich chronologisch aufzählt, enthält in erster Fassung vier Namen (unter denen natürlich kein weiblicher ist): die Logiker Frege und Russell, den Kulturphilosophen Spengler und den Wirtschaftstheoretiker Piero Sraffa. Dann korrigiert Wittgenstein den Text und zählt nun die Physiker Boltzmann und Hertz, die Philosophen Schopenhauer, Frege und Russell, den Publizisten Karl Kraus, den Architekten Adolf Loos, die Kulturphilosophen Weininger und Spengler sowie den Wirtschaftstheoretiker Sraffa auf. Daß Wittgenstein nach genauerer Überlegung den Namen Weininger in die Liste aufnimmt, mag Staunen hervorrufen. Weiningers 1903, im gleichen Jahr wie Moores *Principia Ethica* erschienenes Hauptwerk *Geschlecht und Charakter* ist die Dissertation eines Vierundzwanzigjährigen. Ihr antisemitischer, frauen-

feindlicher und naturwissenschaftlich dilettantischer Inhalt steht in denkbar starkem Kontrast zu englischer Toleranz, aufgeklärter Wissenschaftlichkeit und gemütlicher College-Promiskuität an den Ufern des Cam. Später gibt Wittgenstein die Verschrobenheit Weiningers zu und findet, daß es zwar unmöglich sei, mit ihm übereinzustimmen, «doch seine Größe liegt in dem, worin wir anderer Meinung sind. Sein gewaltiger Irrtum, der ist großartig.» Füge man dem ganzen Buch das Negationszeichen ~ (in modernerer Notation ¬) hinzu, spreche man eine wichtige Wahrheit aus. Abgesehen davon, daß man mit solchen Argumenten auch die «Größe» von Hitlers *Mein Kampf* rechtfertigen könnte, kommt das Negationszeichen erst dem über Vierzigjährigen in den Sinn und beseitigt auch dann nicht etwa Wittgensteins Ansätze zu Frauenfeindlichkeit.

Weininger behauptet ein Gesetz der Bisexualität, dessen Bedeutung er mit den physikalischen Gesetzen von Boyle-Mariotte und Gay-Lussac zur Beschreibung von Gasen vergleicht. Aus den platonischen Typen «W» des idealen Weibes und «M» des idealen Mannes entstehen nach Weininger die empirischen Persönlichkeiten durch Mischung. Aus dem Mischungsverhältnis, das absolut nicht wertneutral ist, werden alle weiteren Erscheinungen der Sexualität inklusive ihrer moralischen Bewertungen abgeleitet. Die Ergebnisse sind abstrus (Hervorhebungen in allen folgenden Weininger-Zitaten original):

«Der tiefststehende Mann steht noch unendlich hoch über dem höchststehenden Weibe (...).

Grob ausgedrückt: der Mann hat den Penis, aber die Vagina hat die Frau (...).

In der Heldenverehrung des Mannes kommt abermals zum Ausdruck, daß *Genialität an die Männlichkeit geknüpft ist, daß sie eine ideale, potenzierte Männlichkeit vorstellt* (...).

Es ist also richtig, daß das Weib keine Logik besitzt.»

Weininger verteidigt das Weib gegen die These vom «konstitutionellen Schwachsinn des Weibes» (P. J. Moebius) in einer Weise, die deren schändlichen Inhalt noch überbietet: «Das Weib ist weder tiefsinnig noch hochsinnig, weder scharfsinnig noch geradsinnig, es ist vielmehr von alledem das gerade Gegenteil; es ist, so weit wir bisher sehen, überhaupt nicht ‹sinnig›: es ist als Ganzes Un-Sinn, un-sinnig, aber das ist noch nicht *schwachsinnig* ...»

Wie «Weib» und «Mann» ist das «Judentum» für den Autor von *Geschlecht und Charakter* nur eine platonische Idee. Otto Weininger definiert: «Man darf das Judentum nur für eine Geistesrichtung, für eine psychische Konstitution halten, welche für *alle* Menschen eine *Möglichkeit* bildet, und im historischen Judentum bloß die grandioseste *Verwirklichung* gefunden hat.» Der homosexuelle Jude Weininger stellt die männliche Homosexualität ganz auf die Seite des Weiblichen und verfällt in einen vehement antisemitischen Selbsthaß: «Der Mensch haßt nur, durch wen er sich *un*angenehm an sich selbst erinnert fühlt.» Weiningers Lösung: «Der Mann muß vom Geschlechte *sich* erlösen, und *so*, nur *so* erlöst *er* die Frau. *Allein* seine *Keuschheit*, nicht wie *sie* wähnt, seine Unkeuschheit, ist ihre Rettung. Freilich geht sie, als *Weib*, so unter: aber nur, um aus der Asche neu, verjüngt, als der *reine Mensch*, sich emporzuheben.»

Für ihren Erfinder führt diese Philosophie direkt in die Katastrophe. Im Oktober 1903 erschießt sich Weininger im Wiener Sterbehaus Beethovens – und erringt damit später die zynische Hochachtung Hitlers, der ihn in einem Tischgespräch unter die wenigen «anständigen» Juden rechnet, weil er sich «das Leben genommen hat, als er erkannte, daß der Jude von der Zersetzung anderen Volkstums lebt!» (eine Meinung, die Hitler von seinem Mentor Eckart übernimmt).

Wittgensteins Vater soll gesagt haben: «In Ehrensachen geht man zu keinem Juden», und eine Zeit lang tut Ludwig Wittgenstein anscheinend alles, um seine zu drei Vierteln jüdische Abstammung zu verheimlichen. Brian McGuinness vermutet, daß er bereits auf dem Gymnasium in Linz (1903–1906), welches zur selben Zeit auch Adolf Hitler besucht, sein Judentum verleugnet oder heruntergespielt habe. «Wer und was ist ein Jude?» fragt Julius H. Schoeps. «Ist ein Jude nur, wer Sohn einer jüdischen Mutter ist, wie es die *Halacha* bestimmt, das jüdische Religionsgesetz? Oder gilt die Definition Jean-Paul Sartres, der sinngemäß einmal formulierte, Jude ist, wer sich als solcher fühlt?»

Zu Beginn des zwanzigsten Jahrhunderts verbindet Weininger Homosexualität, Judentum und Modernität unter negativen Vorzeichen: «*Jüdisch* ist der *Geist der Modernität*, von wo man ihn betrachtet». Susan Sontags berühmte *Notes on ‹Camp›* haben diesem Topos eine positive Wendung gegeben: «Juden und Homosexuelle sind die herausragenden kreativen Minderheiten zeitgenössischer Stadtkultur. ‹Kreativ› bedeutet im wahrsten Sinne des Wortes: sie sind Schöpfer von Sensibilitäten. Die beiden Pionierkräfte moderner Sensibilität sind jüdische moralische Ernsthaftigkeit sowie homosexueller Ästhetizismus und homosexuelle Ironie.» Das seien, meint Charles Rosen, zwei «attraktive Erfindungen»: «Es gibt weder eine spezifische homosexuelle Sensibilität, noch eine spezifisch jüdische Sensibilität.»

Brian McGuinness weist mit Recht darauf hin, daß solche Kategorien alles und daher gar nichts erklären und schnell auf dem unsäglichen Niveau populärer Typologien landen, wozu McGuinness – leider ohne Namen zu nennen – zwei Beispiele gibt: den antisemitischen österreichischen Autor, der Wittgensteins späte Gedanken über Alltagssprache und Lebensformen für «jüdische Tüfteleien» hält, und den berühmten *littérateur*, der Sprachspiele als «typisch homosexuell» ansieht.

Wittgenstein immatrikuliert sich 1908 an der ingenieurswissenschaftlichen Fakultät der Universität Manchester. Auf der *Kite Flying Upper Atmosphere Station* bei Glossop in

Derbyshire führt er Experimente im Drachenbau durch und beweist dabei großes handwerkliches Geschick. Alles sieht zunächst nach einer normalen Ingenieurs-Karriere aus, die durchaus im Sinne seines Vaters liegt. Bei der Konstruktion einer Rückstoßdüse und besonders beim Entwurf eines Propellers werden seine Interessen aber stark in die mathematische Richtung gelenkt. Er wird schließlich auf die Grundlagenkrise der Mathematik aufmerksam, die in ihrer Abstraktheit und Praxisferne so ziemlich genau das Gegenteil einer anwendungsorientierten Ingenieurs-Wissenschaft ist. Er liest Russells Vorstufe zu den *Principia Mathematica*, die *Principles of Mathematics* von 1903. Dann stößt er auf den Namen Gottlob Freges, schickt dem Philosophen eigene kritische Überlegungen und wartet gespannt auf Antwort.

Wittgenstein schläft gut und würde sich rundum wohl fühlen, wenn «nicht mein eigenes Ich immer an mir nagte», wie er seiner Schwester Hermine schreibt. Was ihm fehlt ist ein Freund, und er hält Ausschau unter den Studenten, die sonntags die Station besuchen. «Meine bösen Geister bringen mich in die dümmsten Stimmungen die Du Dir nur denken kannst», erklärt er Hermine. Und einige dieser Geister kommen sicher aus Weiningers düsterer Gedankenwelt, in der weibliche Freundschaft nur ein «Zusammen*stecken*» unter dem Gedanken der Kuppelei ist, männliche Freundschaft dagegen «ein Versuch zusammenzugehen unter dem Zeichen einer und derselben *Idee*, welcher die Freunde, jeder für sich, gesondert und doch vereint, nachstreben».

7. Freundschaftsidyll im Sommer 1909. Keynes steht in seinem ersten Dozentenjahr und wohnt im angemieteten Landhaus zum Arbeiten und Ausleben – fern von den Luchsaugen der Familie. «Der Haushalt besteht aus zwei verheirateten Paaren und mir», berichtet James seinem Bruder Lytton. Maynard und Duncan bildet das eine Ehepaar, die Apostel John Sheppard und Cecil Taylor, genannt «Madame», der angeblich über drei Hoden verfügt, das andre. Taylor lächelt rätselhaft. Sheppard ist gereizt, weil Madame für ein Jahr in Deutschland studieren wird und der Abschied kurz bevorsteht. Außerdem scheint Duncan mit «ihr» zu flirten. Maynard verhält sich unnachgiebig, worüber sich Duncan ärgert. «Wie skandalös», schreibt James über die beiden, «daß zwei Menschen (in unserem modernen Leben) in einer derart in der Luft hängenden Beziehung leben müssen. Offensichtlich ist der Grund dafür, daß *wir* sie nicht verstehen, daß *sie* es auch nicht tun.» Und er bedauert den armen Duncan wegen Maynards ständigen Ermahnungen:

«Entschuldige, Duncan, aber du solltest diese Tasse wirklich nicht dahin stellen.»

«Leg das Buch zurück, *bitte*, wenn du's nicht mehr brauchst.»

Nicht ganz so ernsthaft-spießig geht es zu, wenn Lytton Ottoline besucht, für sie die Tante spielt und beide immer ausgelassener und «lustiger» – eben «gay» – werden:

«Abends wird Lytton lustig und lacht und kichert und albert herum; manchmal zieht er ein Paar meiner hochhackigen Schuhe an, die ihn wie eine Aubrey-Beardsley-Zeichnung aussehen lassen, echt verdorben. Ich liebe die Erinnerung daran, wie er durch das Zimmer taumelt und Pirouetten dreht mit absurd klein wirkenden Füßen, die in seine und aus seiner Hose gucken, wir beide erregt und glücklich, immer fanatischer und lustiger werdend.»

8. Und David? … Aber es muß auch Musterknaben geben. Moore zum Beispiel war ein allgemein respektierter, dessen Gedankenführung auf moderne Leser penibel und wegen vieler Wiederholungen umständlich wirkt. Doch sind Moores Gedanken der samtschwarze Himmel, gegen den sich Russells giftgrüne Gedankenblitze ebenso wie die Sternschnuppen von Wittgensteins ästhetisch geschliffenen Aphorismen absetzen. War auch David Hume Pinsent solch ein Musterknabe, Wittgensteins schwarzer Samt? Wir wissen es nicht – seine Familie sieht David ganz im Schatten Wittgensteins und stellte der Bibliothek des Trinity College nur die Ludwig betreffenden Auszüge seiner Tagebücher zur Verfügung. Dabei könnte David durchaus ein Eigeninteresse beanspruchen. Im Ersten Weltkrieg arbeitete er erfolgreich mit mehreren zukünftigen Nobelpreisträgern zusammen, und nach dem Urteil seines Kommilitonen und engen Freundes George Thomson, später Master des Corpus Christi College in Cambridge, war er nicht nur der brillanteste junge Mann seines Studienjahrgangs, «sondern auch einer der brillantesten Köpfe, die ich je kennengelernt habe». Seine Abschlußexamina besteht er mit Auszeichnung.

David ist eine etwas seltsame Erscheinung mit seinem zierlichen Körper und dem großen Kopf. Vom Militärdienst wird er wegen schwächlicher Konstitution zurückgestellt. Er hat natürlichen Charme und schließt schnell Freundschaft – mit jedermann, nicht nur mit Intellektuellen. Er ist aus vollem Herzen reiner Mathematiker, mit einer Neigung zur Philosophie. Praktisch-manuelle Tätigkeiten lehnt er als «Klempnerei» ab.

Geboren am 24. Mai 1891, ist er das älteste von den drei Kindern eines Birminghamer Rechtsanwalts. Die Pinsents begannen einst als Bauerngutsbesitzer in Devon. Davids Urgroßvater war mit dem Philosophen David Hume verwandt, ein Neffe mütterlicherseits der Familie Parker. Die Parkers beaufsichtigten anfangs die königlichen Parkanlagen und erwarben dann Ländereien in Lancashire. Ellen Parker, Davids Mutter, hat fortschrittliche soziale Ansichten, setzt sich für ledige Mütter ein und veröffentlicht sozial engagierte Romane. Sie erinnert sich gern daran, daß zu ihren Vorfahren eine «Lancashire-Hexe» aus den Wäldern von Bowland gehört haben soll sowie ein Kapitän, der 1649 für Neuengland segelte, Teile von Nantucket erwarb und seine Mannschaft aus dem Kreise seiner unehelichen Kinder rekrutieren konnte. 1904 wird sie als einzige Frau zum Mitglied der königlichen Hilfsorganisation für geistig Behinderte ernannt. Im Birminghamer Stadtrat, in den sie 1911 gewählt wird, ist sie die erste Stadträtin. David wächst in geborgener und wirtschaftlich gesicherter Umgebung auf, lernt mehrere Sportarten und unternimmt mit Freunden oder Familienmitgliedern Reisen nach Frankreich, Deutschland und in die Schweiz, um Sprachen zu lernen und viel zu wandern.

1910 kommt David nach Cambridge ans Trinity College mit einem Stipendium für Mathematik und liest Russells und Whiteheads *Principia Mathematica*. Ihre Lektüre ist so schwierig, daß Russell ein halbes Jahrhundert später nur sechs Menschen einfallen, die mehr als die Einleitung gelesen hatten: drei Polen, die wahrscheinlich von Hitler ermordet wurden, und drei Texaner, «die sich anschließend erfolgreich anpaßten».

Zu Beginn des Jahrhunderts, im Frühling 1901, hatte Russell eine aufsehenerregende Entdeckung bei der Beschäftigung mit der Mengenlehre gemacht. Die «Russellsche Antinomie» ähnelt dem uralten «Lügner»-Problem, das seit über 2000 Jahren bekannt ist und schon den antiken Philosophen Philetas von Kos wahnsinnig machte. Der Apostel Paulus erwähnt es in seinem Brief an Titus (Tit. 1,12). Die einfachste Formulierung lautet:

«Der Kreter sagt: ‹Alle Kreter lügen›.»

Die Antinomie tritt auf, wenn man entscheiden will, ob der Satz, den der Kreter sagt, wahr ist oder nicht. Ist er wahr, dann hat auch unser Kreter gelogen und der Satz wird falsch. Ist er falsch, dann gibt es einen Kreter, der nicht lügt, nämlich unseren, und der Satz wird wahr.

Unter Mathematikern lösen Paradoxien panischen Schrecken aus. Eine einzige würde reichen, um komplette Zweige der Mathematik lahmzulegen, und zu Anfang des Jahrhunderts hatte man gleich ein Dutzend entdeckt. Philosophen reagieren jedoch anders als Mathematiker, meint der englische Philosoph Stephen Read: «Die Paradoxie ist der Zauber der Philosophen, ihr Fetisch. Sie zieht sie an wie das Licht die Motten. Aber gleichzeitig ist sie nicht zu ertragen. Alle verfügbare Kraft muß aufgewendet werden, um sie zu beseitigen. Der Philosoph ist der Schamane, der die Aufgabe hat, uns von diesem üblen Dämon zu befreien und zu retten.»

Zwar ist David Mathematiker, aber seine philosophischen Instinkte reagieren stark auf das Jahrhundertwerk von Whitehead und Russell – er ist fasziniert. Erst viel später – im Krieg – wird David auch Spaß an der «Klempnerei» finden.

9. *Besuch bei Frege.* Zu Wittgensteins großer Freude schlägt Frege einen Besuch in Jena vor. Als Ludwig vor der hübsch gelegenen rot-weißen Villa im Forstweg 29 (heute Ibrahimstraße) steht, hört er den Lärm von Kindern, die im Garten spielen und sieht eine Reihe von Schulmützen. Er klingelt, und ein kleiner, adretter Mann öffnet, dem Ludwig sagt, er wolle Professor Frege besuchen.

«Ich bin Professor Frege», antwortet der Mann.

«Unmöglich!» entfährt es Ludwig.

Der Mann sieht älter aus als dreiundsechzig – aber Ludwig hatte eine ganz bestimmte Ansicht über das Aussehen des Philosophen. Dieser bewohnt die Parterrewohnung, darüber hat er an Familie Schön vermietet. Sie betreten das Arbeitszimmer und beginnen über Ludwigs geplante Arbeit zu sprechen. Frege hüpft im Zimmer auf und ab und redet ausschließlich über Logik und Mathematik, worauf er bei jeder Abschweifung nach einer höflichen Floskel wieder zurückkommt.

Für sein Hauptwerk, die zweibändigen *Grundgesetze der Arithmetik*, interessierte sich kein Verleger, so daß er es auf eigene Kosten drucken lassen mußte. Der erste Band erschien 1893 in Jena. Kurz vor Fertigstellung des zweiten Bandes erreichte Frege 1902 ein Brief Russells mit dem Hinweis auf die «Russellsche Antinomie». Frege reagierte 1903 betrübt im Nachwort seines opus magnum: «Einem wissenschaftlichen Schriftsteller kann kaum etwas Unerwünschteres begegnen, als daß ihm nach Vollendung einer Arbeit eine der Grundlagen seines Baus erschüttert wird.» Die Fachwelt nahm nur wenig Notiz, Frege verbitterte und wandte sich zur extremen Rechten.

Mit Unbehagen liest man, wie dieser bedeutende Logiker, einer der größten der Philosophiegeschichte, 1924 seinen Scharfsinn auf die Frage verwendet, wie man Juden sicher von Nichtjuden unterscheiden könne – zehn Jahre später finden die Nazis ihre Definition: Jude sei, «wer von mindestens drei der Rasse nach volljüdischen Großeltern» abstamme. Die Herausgeber des Tagebuchs von Gottlob Frege ziehen daraus eine wichtige Lehre für die Auseinandersetzung zwischen kontinentaler und anglo-amerikanischer, analytischer Philosophie, daß nämlich «*keine* der Traditionen für sich in Anspruch nehmen darf, vor moralisch-politischen Irrtümern *methodisch* gefeit zu sein: dem Heidegger der einen wird der Frege der anderen entgegengehalten».

1910 aber ist im verträumten Jena das Weltbild noch in Ordnung, und die akademische Diskussion läßt sich von Politik nicht stören. Frege ist als unbarmherziger Gesprächspartner bekannt, für den eine saubere Trennung von Psychologie und Logik ein Hauptanliegen ist. Fruchtbare Begriffsbildungen sind für ihn nicht einfach Kästen, aus denen man das herauszieht, was man vorher hineingelegt hatte, sondern markieren neue Grenzlinien, deren Folgen nicht sofort zu übersehen sind. Das Neue ist in ihnen enthalten «wie die Pflanze im Samen, nicht wie der Balken im Hause». Mit den noch unklaren und unreifen Ideen des jungen Ludwig fährt Frege ebenso «Schlitten» wie mit den Vorstellungen eines gestandenen Kollegen.

«Aus Ihren Äußerungen folgt, daß ‹es ist erfahrbar› gleichbedeutend ist mit ‹Dieser meiner Vorstellung entspricht et-

Gottlob Frege – ein in Deutschland lange verkannter Philosoph

was Erfahrbares›. Hier ist ‹erfahrbar› durch sich selbst erklärt.»

«Es soll auch keine Erklärung sein …»

«Hat jede Vorstellung einen Gegenstand?»

«Ja. Jede Vorstellung hat notwendig einen Gegenstand. ‹Gegenstand der Vorstellung› ist dasselbe wie ‹Inhalt der Vorstellung›.»

«Ist der Inhalt der Vorstellung A dasselbe wie A?» Dies ist eine Lieblingsfrage Freges, und sie verunsichert seinen Gesprächspartner.

«Nein. Das Vorstellungsbild ist das schwankende Bild. Genau genommen ist das Vorstellungsbild von der Vorstellung zu unterscheiden. Bei Vorstellungsbild wird von der Tätigkeit abgesehen.»

«Ist ‹Gegenstand der Vorstellung› verschieden von ‹Vorstellungsbild›?»

«Ja.»

«Wenn Sie eine Fata Morgana sehen oder eine Halluzination haben, was ist da Gegenstand der Vorstellung?» Damit hatte Frege seinen Gesprächspartner schachmatt gesetzt.

Ludwig ist am Ende *seines* Gesprächs mit Frege niedergeschlagen. Doch muß er ihn irgendwie von *sich*, wenn auch nicht von seiner «Logik», überzeugt haben, denn Frege ermuntert ihn freundlich:

«Sie müssen wiederkommen.»

Und gibt ihm einen Tip:

«Gehen Sie zu Russell nach Cambridge.»

Sich finden

> Wer in den feinen Strichen der Logik nicht die Unruhelinien der Sehnsucht aufgezeichnet sieht, wer in dieser scharfen Seismographie nicht das Beben unter der Rinde, die Spannungen des Umtreibenden hört, verwechselt die Logik mit einem Herbarium von Redeblumen oder auch nur, positivistisch, von Tautologien.
>
> Ernst Bloch

10. Göttersöhne. Am 18. Oktober 1911, rund zwei Wochen nach Trimesterbeginn in Cambridge, trinkt Russell in seinem Sprechzimmer Tee mit seinem Kollegen Charles Kay Ogden (dem späteren Übersetzer des *Tractatus*), als – wie Russell an Ottoline schreibt – ein ihm «unbekannter Deutscher auftauchte, der kaum Englisch sprach, es jedoch ablehnte, Deutsch zu reden. Später stellte sich heraus, daß er in Charlottenburg Ingenieurswissenschaften studiert hatte, während des Studiums aber eine tiefe Leidenschaft für die Philosophie der Mathematik entdeckte & nun in Cambridge bei mir studieren möchte.»

Wie häufig in seinem Leben spielt Wittgenstein, der erst im Alter von vier Jahren sprechen gelernt haben soll und bis in die zwanziger Jahre stottert, die Sprache einen Streich. Er wirkt nervös, seine mehrjährigen guten Englischkenntnisse lassen ihn im Stich, und er vergißt, über sein Studium in Manchester zu reden. Auch daß er einige Jahre zuvor glaubte, eine Lösung der Russellschen Antinomie gefunden zu haben, erwähnt er nicht. Er besucht Russells Vorlesung. «Mein Deutscher hatte sich erwartungsgemäß häuslich eingerichtet. Ich hielt eine sehr gute Vorlesung, was daran lag, daß ich aufgeregt und schlecht vorbereitet war.

Mein Deutscher interessiert mich sehr, und ich hoffe, ihn öfters zu sehen.»

Wittgenstein hat erst einen Bruchteil der grundlegenden philosophischen Werke gelesen, die zu einem systematischen Studium gehören, aber er erweist sich als scharfsinniger Denker mit einer enormen Begabung zum Durchschauen logischer Zusammenhänge. Seine meist beißende Kritik macht auch vor Russells Ideen nicht halt. Nach einiger Zeit bemerkt dieser, daß sein «Deutscher» ein literarisch gebildeter, sehr musikalischer, intelligenter Österreicher mit guten Manieren ist, und es entwickelt sich das, was Russell später «eins der erregendsten intellektuellen Abenteuer» seines Lebens nennt. Wittgensteins «Leidenschaft für Theorie ist *sehr* stark – eine sehr seltene Leidenschaft, und man kann froh sein, so etwas zu finden. Er will nicht dies oder das beweisen, sondern herausfinden, wie die Dinge wirklich sind.» Er ist ein Mensch der Extreme, regt sich leicht auf und vergißt dann häufig seine eigentlich exzellenten Manieren. In seinen schlechten Momenten erzählt er langsam und stotternd langweiliges Zeug, in seinen besten findet Russell ihn jedoch großartig:

«Er kann mehr als irgendein andrer meiner Schüler.»

Russell sieht, daß Wittgensteins Leidenschaft für die Philosophie größer ist als seine eigene – eine Leidenschaft auf Leben und Tod, die Ludwigs Gedanken die Kraft von Naturereignissen gibt. «Seine Lawinen lassen meine wie bloße Schneebälle aussehen. Er besitzt reine intellektuelle Leidenschaftlichkeit im höchsten Grade; deswegen liebe ich ihn. Er hat die Anlage eines Künstlers, intuitiv und stimmungsabhängig. Jeden Morgen beginnt er voller Hoffnung seine Arbeit, und jeder Abend endet in Verzweiflung.» Die Devise «verstehen oder sterben» verbindet sie und erzeugt bei beiden eine «schreckliche Spannung des Denkens», die sich manchmal auch in überraschenden Scherzen entlädt. Wittgenstein macht es rasend, etwas nicht zu verstehen, und er wird zu Russells «idealem Studenten», der leidenschaftlich die mathematischen Werke seines Lebens bewundert. «Sie erinnern mich», sagt Ludwig, «in ihrer Schönheit an Musik.»

Wie Musik stimmt das Philosophieren ihn heiter oder traurig. Ein Freund soll einmal vor Beethovens Tür gelauscht haben. Der Komponist arbeitete gerade an einer Fuge und heulte, sang und fluchte gleichzeitig. Nach einer Stunde sei er herausgekommen und habe ausgesehen wie nach einem Ringkampf mit dem Teufel. Er hatte 36 Stunden nichts gegessen, Köchin und Dienstmädchen waren davongelaufen.

«Solch ein Mensch müßte man sein!» ruft Ludwig bewundernd aus. «Das sind die wahren Göttersöhne!»

Auch David Pinsent liebt Bach, Beethoven, Schubert und Brahms. Er spielt gut Klavier. Wie Ludwig versäumt er kaum ein Konzert in Cambridge, und die erste Erwähnung Wittgensteins, dessen Namen er ziemlich lange falsch schreibt als «Vittgenstein», findet sich unter dem Datum 4. Mai 1912. Die beiden hatten sich schon vorher auf den wöchentlichen zwanglosen Debattiertreffs, den «squashes» – «Quetschen», weil es immer überfüllt ist – in Russells Wohnräumen im Trinity College kennengelernt. Dort traktiert Wittgenstein brillant das Klavier der Logik. Er hat antireligiöse Ansichten, macht keinen Hehl aus dem Reichtum seiner Familie und verabscheut Ethik und Moral. «Er gibt sich bewußt als triebhafter Mensch und hält das auch für richtig», erzählt Russell Ottoline. «Für seine Moral im üblichen Sinne möchte ich mich nicht verbürgen.»

Gegenüber dem Studenten Farmer, den er eigentlich sympathisch findet, gibt sich Ludwig als radikaler Moralist. David schildert Farmer als «verkappten» Mönch, dem man das Mönchtum von der Erscheinung her nicht ansehe. Beim Tee mit Russell geht Wittgenstein sofort zum Generalangriff über – «rasend vor Zorn». Dann wiederholt er seine Attacke, «aber ohne zu streiten, nur Aufrichtigkeit predigend». Daß ein Student der Morallehre sein Mönchtum nicht öffentlich

David Pinsent beim Segeln

ausweist, hält Ludwig für verlogen und intellektuell unredlich. Er empfiehlt Farmer, gute Bücher über exakte Wissenschaften zu lesen, damit er einen Begriff von intellektueller Redlichkeit bekomme. «Wittgenstein war jedoch sehr anmaßend», findet David, «und hielt mit seiner Meinung über Farmer nicht hinter dem Berg, er redete mit ihm, als sei er sein Doktorvater!» Der so Angegriffene bleibt gelassen, da er Wittgenstein für verrückt hält, und ist in Davids Augen «gut im Nehmen». Seine Attacken und Predigten machen Wittgenstein am College schnell berühmt-berüchtigt. Ansichten, die er für falsch oder auch nur für überflüssig hält, beurteilt er moralisch, als seien sie nur durch geistige «Unmoral» oder intellektuelle Unredlichkeit erklärbar.

«Was hülfe es dem Menschen, so er die Welt gewönne, und nähme doch Schaden an seiner Seele?»

Wittgenstein überrascht Russell mit einem Bibelzitat und bemerkt dazu:

«Wie wenige gibt es doch, die an ihrer Seele keinen Schaden nehmen.»

«Das hängt davon ab, ob man ein hohes Ziel hat, dem man treu bleibt», erwidert Russell.

«Es ist eher eine Sache des Leidens und der Fähigkeit, das Leiden zu ertragen», sagt Wittgenstein, und Russell bemerkt nachdenklich, daß sein Schüler Ethik, Religion und Moral ernster nimmt, als er gedacht hatte.

Eine andere Seite von Wittgensteins «Überheblichkeit» amüsiert David: «Er studiert hier bei uns Philosophie, betreibt das Studium aber erst seit kurzem systematisch. Und er gibt höchst naiv seiner Überraschung Ausdruck, daß alle Philosophen, die er einst aus Unwissenheit verehrt hat, sich nun als dumm und unredlich erweisen und die blödesten Fehler machen!»

Ludwig und David interessieren sich außerdem für Psychologie. Ludwig führt am 1912 von Charles Samuel Myers neu gegründeten Psychologischen Institut Experimente durch, welche die subjektive musikalische Rhythmusempfindung testen, und David macht es Spaß, Versuchsperson zu sein. Als im Mai 1913 das Laboratorium für experimentelle Psychologie eröffnet wird, stellt Wittgenstein einen Apparat zur psychologischen Erforschung des Rhythmus vor, an dessen Konstruktion er mitgewirkt hatte. Auch mit Myers gerät Wittgenstein bald in Streit, wie ein Brief vom 22. Juni 1912 deutlich macht:

«Lieber Russell!

Es geschehen doch immer noch ein paar nette Dinge im Leben, z. B. daß man einen Brief von Ihnen erhält (*vielen*, vielen Dank dafür). Viel weniger nett ist folgendes Ereignis: Mit Myers hatte ich eine Diskussion über die Beziehungen zwischen Logik und Psychologie. Ich war sehr offenherzig und bin sicher, er glaubt, ich sei der arroganteste Teufel, den's je gegeben hat. Ich glaube, die arme Frau Myers, die auch dabei war, hat sich ziemlich über mich aufgeregt. Nach der Diskussion war er vermutlich ein bißchen weniger verwirrt als vorher.»

Wittgensteins psychologisches Interesse nimmt auch abstruse Formen an. In Cambridge ist das Hypnotisieren modern. Auf diesem Weg will Forsters Romanheld Maurice beispielsweise seine Homosexualität loswerden. Weininger hatte bereits in *Geschlecht und Charakter* die Methode kritisiert, Homosexualität durch Hypnose zu «heilen», indem man versuchte, den Patienten «die Vorstellung des Weibes und des ‹normalen› aktiven Koitus mit demselben auf suggestivem Wege beizubringen und sie daran zu gewöhnen». Doch Wittgenstein verfolgt andere Ziele. Er will ausprobieren, ob man in Trance die geistigen Kräfte ebenso mobilisieren kann wie die körperlichen. Seinen Hypnotiseur, einen Dr. Rogers, beauftragt er, sobald der Trance-Zustand eingetreten sei, Fragen über ungeklärte Probleme der Logik zu stellen.

«Hört sich phantastisch an!» ruft Pinsent aus.

David Pinsent 1915

Erst beim zweiten Versuch tritt der Trance-Zustand ein – mit durchschlagendem Erfolg. Es dauert eine halbe Stunde, bis Wittgenstein wieder in die Wirklichkeit zurückkehrt. Das Ergebnis ist jedoch enttäuschend. Wittgenstein fühlte sich wie unter Vollnarkose, aber bei klarem Bewußtsein, unfähig zu irgendeiner Willens- oder Kraftanstrengung. Noch eine ganze Stunde nach dem Besuch hält die Schläfrigkeit an. «Alles in allem ist es trotzdem eine tolle Sache!» begeistert sich David, obwohl Ludwig keine neuen logischen Erkenntnisse gewonnen hat.

David und Ludwig werden unzertrennlich. Ludwig führt das Leben eines reichen jungen Mannes aus gutem Hause. Die beiden Freunde spazieren zusammen den Fluß Cam entlang nach Pike und Eel und wandern auf dem rechten Ufer durch die Felder am oberen Flußlauf. Sie rudern auf dem Cam durch die «Backs», die durch ganz Cambridge sich ziehenden, weitläufigen Rasenflächen hinter den Colleges. Mit Russell schlendern sie in den Gärten der Trinity Fellows umher und machen Radtouren über Girton und Histon. Sie reiten gemächlich oder mit Einlagen von leichtem Galopp den Treidelweg nach Clayhite, die Ely Road, die Trumpington, Huntington, Barton Road, durch Grantchester in Richtung Coton, Cherry Hinton und nach Madingley. Einmal ist die Strömung sehr stark, und ein Mann in einem Stechkahn spritzt Ludwig versehentlich klatschnaß. «Wir legten am Ufer an, und Wittgenstein schüttelte heftig seine Jacke aus; als wir wieder im Kanu saßen, dämmerte es ihm, daß er wohl auch seine Uhr mit herausgeschüttelt hat», berichtet David. «Wir suchten eine gute halbe Stunde lang die Stelle erfolglos ab: Denn das Gras wuchs hoch und dicht, dort mußte die Uhr verborgen sein.» David und ein anfangs oft schlecht gelaunter Ludwig paddeln bis zum «Obstgarten» in Grantchester zum Nacktbaden ohne Handtücher in Byron's Pool.

David bringt Ludwig das Tennisspielen bei, der damit nur äußerst langsam vorankommt und allmählich den Mut ver-

David Pinsent beim Segeln in Falmouth 1916

liert. David hält ihn schließlich für einen ziemlich hoffnungslosen Fall. Er läßt sich von Ludwig Briefe diktieren und hilft, Knöpfe an eine Daunensteppdecke für Ludwigs Bett zu nähen. Sie lesen die gleichen Bücher – mit einem kleinen Unterschied: wenn sich David eine billige Ausgabe von Samuel Pepys' *Tagebüchern* beschafft, kauft Ludwig eine teure.

Sie besuchen in Gesellschaft Russells ein Konzert mit dem *Requiem* von Brahms in der Kathedrale von Ely. Brahms' *Variationen über ein Thema von Haydn* im Rahmen der Cambridger Rathauskonzerte wühlen David «unbeschreiblich» auf.

«Das Thema selbst ist unbeschreiblich, und die Variationen sind typisch für den Brahms auf dem Höhepunkt seines Schaffens, und wenn zum Schluß hin das Thema noch einmal – unverziert, fortissimo und in kolossalen Harmonien – wiederkehrt, ringt man unwillkürlich nach Luft und hält sich am Stuhl fest!»

Für Ludwig ist Brahms, der im väterlichen Palais Wittgenstein in Wien konzertiert hatte, ein Gott und Genie wie Beethoven. Das Unverständnis der Mitwelt für die «Göttersöhne» erfüllt ihn ein Leben lang mit Wut. Zwar weiß er, daß alles Große «von Hunden angebellt» wird, aber er fühlt sich persönlich davon betroffen, daß der Geist nie verstanden wird. «Ich denke mir dann immer: haben diese Großen dazu so unerhört viel gelitten, daß heute ein Arschgesicht kommt & seine Meinung über sie abgibt», schimpft er in einer späteren Tagebuchaufzeichnung. «Dieser Gedanke erfüllt mich mit einer Art Hoffnungslosigkeit.» Im Garten von Trinity sitzend, wundert er sich darüber, daß die gute körperliche Entwicklung der Passanten so perfekt mit völliger Geistlosigkeit zusammengeht. Das sei jedoch keine «Verstandlosigkeit», denn der Geist der «Heutigen» habe keine Sprungfedern unter den Füßen. «Und wie andererseits ein Thema, von Brahms voll von Kraft, *Grazie* & Schwung ist & er selbst einen Bauch hatte.» David begleitet Ludwig, der Dutzende von Schubert-Liedern auswendig pfeifen kann, auf dem Klavier, was bald zu ihrer «gewohnten Weise» des Musizierens wird.

Ludwig fährt mit David nach London, um Porzellanbecher und einen schwarzen Marmoraufsatz für eine Anrichte einzukaufen, die bisher eine weiße Marmorplatte hatte.

«Becher sind so viel hübscher als Tassen», findet Ludwig.

«Aber so viel unpraktischer», antwortet David.

Als er später mit seiner Familie Ludwig einen Besuch abstattet, serviert sein Freund den Tee jedoch in Chemiebehältern:

«Gewöhnliches Geschirr ist zu häßlich!»

In der Sunday Essay Society hören die beiden Freunde einen Vortrag über Moores *Principia Ethica*. Moore ist unter den Zuhörern und diskutiert mit dem Vortragenden. David und Ludwig müssen lachen. «Sie haben recht», räumt Moore dem Redner ein, ernst und gewissenhaft argumentierend und vor Erregung auf das Sofa kletternd, auf dem er sitzt, «in meinem Buch ist alles unrichtig – jedoch nicht aus den Gründen, die Sie bis jetzt vorgebracht haben.» Er ist ein Philosoph des gesunden Menschenverstands, und seine auf den ersten Blick oft naiv wirkenden Argumente, darunter das berühmte einfache Heben der Hand als Beweis für ihre «Existenz», sind bei Cambridge-Philosophen sprichwörtlich. Max Black beschreibt sie als sehr erfrischend:

«Nach der Vergiftung durch Metaphysik tut es gut, die Welt wieder so zu betrachten wie ein Kind – gesagt zu bekommen ‹Schließlich *ist* das hier eine Hand. Ich habe einen Körper, du auch, und es gibt viele andere Menschen, die wie wir beide sind und dasselbe sagen können›.»

Zwei dieser Menschen, Ludwig und David, sitzen seit 1912 in Moores Vorlesungen über philosophische Psychologie, und dem Professor fällt positiv auf, daß Ludwig als einziger Hörer immer so aussieht, «als fände er das Gesagte schrecklich rätselhaft». David ist später mit dabei, wie Wittgenstein versucht, «Russells Theorie der Klassen in dessen (Moores) Schädel zu trichtern», der in seiner bescheidenen Art ständig befürchtet, logische Fehler zu begehen. Wenn er mit Wittgenstein nicht übereinstimmt, habe er das Gefühl, Wittgenstein *müsse* recht haben, erklärt Moore Russell. Ludwig ist von Moores Wesen angetan und pflichtet Russell bei, als der sagt:

«Ich habe selten jemanden so hübsch lächeln sehen.»

Dennoch ist Wittgensteins Urteil hart, als er im Sommer 1912 die *Principia Ethica* liest und an Russell schreibt:

«Ich glaube – oder vielmehr, ich bin sicher –, daß es nicht einmal im Traum neben Freges Werken oder Ihren eigenen bestehen könnte (außer vielleicht einigen der *Philosophical Essays*). Moore wiederholt sich dutzendfach, und was er auf 3 Seiten sagt, könnte man, wie ich meine, leicht auf einer halben Seite ausdrücken. Durch Wiederholung werden *unklare* Aussagen nicht das kleinste bißchen klarer!!»

«Moore? – da sehen Sie einmal, wie weit man es ohne einen Funken Verstand bringen kann», soll Wittgenstein später geäußert haben – zweifellos eine typische spontane Entgleisung, denn es gibt wesentlich mehr Belege für persönliche Zuneigung und Achtung, und in Moores 1912 veröffentlichtem Büchlein *Ethics* – er zieht es als einziger seinen *Principia Ethica* vor – findet sich bereits die Andeutung eines Problems, das in Wittgensteins Spätphilosophie unter dem Namen «Moores Paradox» eine große Rolle spielen wird. Es tritt auf, wenn man erklären will, warum Äußerungen wie «Es regnet, aber ich glaube es nicht» oder «Ich glaube nicht, daß es regnet, aber es regnet» nicht einfach unsinnig sind.

Auch Alfred North Whitehead, mit dem zusammen Russell die *Principia Mathematica* geschrieben hatte, bekommt Wittgensteins autoritären Diskussionsstil zu spüren. Als Wittgenstein zum erstenmal bei den Whiteheads zum Nachmittagstee eingeladen ist, scheint er die Anwesenheit von Frau Whitehead nicht zu bemerken und läuft eine Zeitlang im Zimmer umher. Schließlich bricht es aus ihm heraus: «Ein Satz hat zwei Pole. Das ist a und b.»

«Was sind denn ‹a› und ‹b›?» fragt Whitehead höflich.

«a und b sind undefinierbar!!» antwortet Wittgenstein mit Donnerstimme.

Am Ende des ersten Semesters fragt Ludwig Russell:

«Denken Sie, daß ich ein Vollidiot bin?»

«Warum wollen Sie das wissen?»

«Weil ich, wenn ich einer bin, Pilot werde, wenn nicht, Philosoph.»

«Mein lieber Freund, ich weiß nicht, ob Sie ein Vollidiot sind oder nicht. Aber wenn Sie mir in den Ferien einen Essay über irgendein Sie interessierendes Thema schreiben wollen, werde ich ihn lesen und es Ihnen sagen.»

Als er den Essay abliefert, hält Russell ihn schon nach dem ersten Satz für ein Genie. Hermine Wittgenstein, die ihn im Juni 1912 besuchte, hatte er überraschend erklärt:

«Wir erwarten, daß der nächste große Schritt in der Philosophie von Ihrem Bruder ausgeführt wird.»

Kurz vor seinem 41. Geburtstag am 18. Mai 1913 beobachtet Russell auf einer seiner Abendfeten Wittgenstein und Pinsent, die sich «miteinander unterhalten, ohne sich um die übrige Welt zu kümmern».

«Du hast in jeder Hinsicht einen idealen Charakter», sagt Ludwig, «aber ich fürchte, daß du anderen Freunden gegenüber nicht großzügig genug bist.»

«Ich glaube nicht, daß das stimmt. Du weißt so gut wie nichts von meinen anderen Freunden und über die Beziehungen, die ich zu ihnen habe.»

«Versteh mich nicht falsch. Ich meine nicht, daß du mir gegenüber nicht großzügig bist. Ich meine mit ‹großzügig› etwas nicht Alltägliches, ein Gefühl der Sympathie oder etwas Ähnliches ...»

Ludwig spricht so freundlich, daß David ihm nichts übelnehmen kann. Er antwortet nachdenklich:

«Du bist so anders als andere Menschen. Jedenfalls oberflächlich betrachtet. Ich muß mich dir gegenüber ganz anders als sonst verhalten.»

David lächelt.

«Ich glaube, du bist etwas verrückt.»

11. Reise nach Island. Am 31. Mai 1912 – sie hatten gerade einige Rhythmusexperimente im Psychologischen Labor, das noch im Bau ist, beendet – fragt Ludwig David, was er in den Ferien vorhabe, und schlägt eine gemeinsame Reise nach Island vor. David ist ziemlich überrascht.

«Eine verlockende Idee», denkt er, «aber ich kenne Wittgenstein ja noch keine drei Wochen!»

«Was schätzt du, wieviel das kosten wird?» versucht David Zeit zu gewinnen.

«Oh, das ist nicht wichtig», antwortet Ludwig, der unbedingt David mitnehmen will, «ich habe kein Geld, und du hast kein Geld – und es ist auch völlig unwichtig, ob du welches hast. Mein Vater hat einen ganzen Haufen.»

David nimmt an, daß man im Landesinnern von Island per Pferd reisen muß und malt sich aus, wieviel Spaß es macht, den ganzen Tag auf der Insel herumzureiten, zögert aber die endgültige Zusage hinaus, um nach Hause zu schreiben und den Rat seiner Familie einzuholen. Am nächsten Tag, einem Samstag, gehen beide in ein Konzert mit Sonaten von Richard Strauss, den Ludwig als «Neutöner» eigentlich nicht leiden kann. Auf Ludwigs Zimmer unterhalten sie sich hinterher noch bis Mitternacht. Ludwig wird sehr gesprächig und erzählt eine Menge über sich. «Ich habe neun Jahre hindurch, bis letzte Weihnachten, unter fürchterlicher innerer Vereinsamung gelitten und damals dauernd an Selbstmord gedacht. Jetzt schäme ich mich, dazu nie den Mut gehabt zu haben. Ich hatte so ein Gefühl, auf dieser Welt überflüssig zu sein, und es schändlicherweise mißachtet. Eigentlich wollte ich ja Ingenieur werden, aber das hat mir weder Spaß gemacht, noch bin ich dafür begabt. Deshalb bin ich hierher gekommen: um bei Russell Philosophie zu studieren. Das war meine Rettung, denn Russell hat mir Mut gemacht.»

«Ich weiß», nickt David, «daß Russell große Stücke auf dich hält. Er hat sich von dir sogar davon überzeugen lassen, daß er mit seinen Theorien in ein oder zwei Punkten auf dem Holzweg ist. Und nicht nur Russell!» Im stillen denkt er: «Kein Wunder, daß Wittgenstein einsam ist. Er hat kaum Hobbies – schließlich kann der Mensch doch nicht ausschließlich für sein Studium und seine Examina leben.» David hat das Gefühl, daß Ludwig seine Einsamkeit inzwischen schon ziemlich überwunden hat. Sein Tagebuch präzisiert «unter fürchterlicher innerer Vereinsamung gelitten» mit der penibel wirkenden Anmerkung «geistig – nicht körperlich». Ist damit gemeint, daß die innere Vereinsamung keine körperlichen Reaktionen bei Ludwig hervorrief, daß Geistiges und Körperliches vollständig getrennt blieben? Wie Ludwigs Kriegstagebücher zeigen werden, ist das kaum denkbar. Oder will David nur betonen, daß nichts «Körperliches» stattfand, obwohl «innere Vereinsamung» schon hinreichend deutlich ist? Für intimere Themen findet Davids überdeutlicher und überkorrekter Stil, vor einem imaginären Leser stets die viktorianische Fassade wahrend, keinen angemessenen Ausdruck.

Nicht nur ungeliebte Strauss-Musik hört sich Ludwig an, um mit David zusammenzusein. Er kann plötzlich – David zuliebe – wahre Scheußlichkeiten ertragen. Am 14. Juli ist er dabei, wie David und ein Kommilitone «Schuberts ‹Unvollendete› zu einem schauderhaften Duett» verhackstücken. Er geht auch mit zum Gottesdienst, wo David aus der Bibel vorliest. Als eine positive Reaktion der Familie Pinsent eintrifft, ist die Reise nach Island beschlossene Sache und die Freunde schwelgen in Vorfreude:

«Es sieht ganz danach aus, als würde es ein ziemliches Vergnügen!»

Man kann endlich planen. Bevor es endgültig losgeht, ist noch ein Umzug zu erledigen. Da Ludwig inzwischen offiziell am Trinity College eingeschrieben ist, zieht er von seiner ersten Cambridger Wohnung im Rose Crescent 4, einem Verbindungsbogen zwischen Markt und Trinity Street, in den Whewell's Court, gegenüber vom großen Tor des Trinity College. Ludwig schafft neue Möbel an, David hilft ihm beim Kauf und beim Schleppen. Er amüsiert sich gutmütig darüber, wie wählerisch Ludwig ist. In einem Geschäft macht Ludwig den Verkäufer dadurch wahnsinnig, daß er bei fast allen Sachen ausruft: «Nein – scheußlich!» Für den 5. September ist man in London verabredet, wo Russell in Bloomsbury, Bury Street, gegenüber dem Britischen Museum und nur zwei Minuten zu Fuß von Ottoline und dem Bedford Platz entfernt, ein Appartement gemietet hat.

Für Ottoline haben die kleinen Räume etwas Tragisches. Sie stellt sich vor, wie Russell am Fenster steht und – während er die Minuten bis zu ihrem Erscheinen zählt – sein Gesicht sich immer mehr entspannt. «Bertie verlangte soviel, und alles, was ich ihm geben konnte, war seinen Wünschen so unangemessen.» Wenn sie sich dann endlich mit raschen Schritten nähert, blickt sie nach unten und fürchtet aufzusehen, weil sie sein an die Scheibe gepreßtes Gesicht errät. Wenn sie später wieder geht, ist es ebenso furchtbar, und sie weiß, daß er sich unbefriedigt und tragisch einsam fühlt. «Wie kann ich ihn befriedigen? Gerade die Intensität seines Verlangens scheint mich zu erdrücken.»

«Armer Bertie!» schreibt sie in ihr Tagebuch. «Manchmal fühle ich mich mit ihm wie im Gefängnis – seine Leidenschaft ist so besitzergreifend und unterdrückend. Wenn ich nach Hause komme, hüpfe ich vor Freude und oft tanze ich in meinem Schlafzimmer herum, werfe meine Arme in die Luft und singe ‹Frei, frei›. Ich würde am liebsten auf der Straße zum Leierkasten tanzen.»

In diesem goldenen Gefängnis wohnt Ludwig einige Tage

vor der Reise nach Island. Russell unterhält sich mit ihm über Musik, Moral und viele andere nicht-logische Themen – wie er findet in bemerkenswertem Gegensatz zu den Stephens-Schwestern und Strachey-Brüdern und ähnlichen «Möchte-Gern-Genies». Russell schwelgt in väterlichen Gefühlen. Er liebt Wittgenstein inzwischen wie einen Sohn und vergleicht sogar seine Liebe zu Ottoline mit dieser väterlich-freundschaftlichen Beziehung. Sie kennt seinen starken Kinderwunsch, den sie keineswegs zu erfüllen gedenkt, dessen Virulenz aber zur Vorsicht mahnt. Ottoline tröstet Russell daher gefühlvoll hinhaltend, um seine Illusionen nicht zu zerstören, und behauptet sogar, seinen Wunsch zu teilen: «Liebling, ich verlange *wirklich* genauso danach wie du, aber ich möchte es nicht schon jetzt. Ich glaube die Belastung wäre sehr groß.»

Dabei bleibt es auch nach Wittgensteins Ankunft in Cambridge. Russell an Ottoline:

«Er berührt mich genauso, wie ich Dich berühre. Jede Drehung und Wendung meines Verhaltens, durch die ich Dich verstimme und niedergeschlagen mache, erkenne ich wieder, wenn ich beobachte, in welcher Weise er mich ärgert und deprimiert. Und dabei liebe und bewundere ich ihn. Außerdem wirke ich auf ihn genauso, wie Du auf mich wirkst, wenn Du kalt bist. Es ist merkwürdig, wie genau sich die Verhältnisse entsprechen. Er unterscheidet sich von mir in der gleichen Weise, wie ich mich von Dir unterscheide.»

Mit der Vaterschaft muß sich der Ärmste noch fast zehn Jahre lang gedulden, und Mutter wird dann nicht Lady Ottoline, sondern Russells zweite Frau, Dora Black. Ein Wermutstropfen wird den Vatergefühlen auch durch das überaus ernsthafte Sendungsbewußtsein des Ersatzsohns beigemischt, der seine Arbeit, als sei sie ihm von Gott direkt aufgetragen, als enorme Verantwortung versteht, so daß Russell ihm den weisen Rat gibt, nicht zu warten, bis *alle* Probleme gelöst seien, denn dieser Tag käme niemals. «Das provozierte einen wilden Ausbruch – er fühlt wie ein Künstler, der entweder etwas Vollkommenes schaffen wird oder nichts – ich erklärte ihm, daß er keinen akademischen Grad bekommen würde, wenn er nicht lernte, Unvollkommenes zu schreiben – das machte ihn wütender und wütender – schließlich bat er mich, ihn nicht fallenzulassen, wenn er mich enttäuschte.»

Ludwig holt David am 5. September vom Bahnhof Euston ab und fährt mit ihm per Taxi ins Grand Hotel am Trafalgar Square. David findet das «protzig» und schlägt eine billigere Bleibe vor, aber Ludwig will davon nichts hören:

«Auf dieser Reise werden keine Kosten gespart!»

Fast wäre sie im letzten Moment ins Wasser gefallen, als Ludwig ein Telegramm seines Bruders erhält, der ihm rät, das Vorhaben abzublasen, weil es in Island zur Zeit ungewöhnlich kalt sei. David kann ihn jedoch mit viel Überredungskunst davon abhalten. Vater Karl Wittgenstein hat darauf bestanden, die Fahrt für Ludwig und David zu finanzieren und jedem 145 Pfund in bar ausgezahlt (1992 entspricht das etwa 5500 Pfund, fast 16000 DM). Darüber hinaus hat Ludwig noch einen Kreditbrief über 200 Pfund. Überwältigt von soviel Großzügigkeit geht David mit Ludwig zum Abendessen im Grillroom des Grand Hotels. Am nächsten Tag reisen sie per erster Klasse Eisenbahn, für David ein «sehr extravagantes» Vergnügen, über Cambridge nach Edinburgh.

Das Schiff der beiden Freunde, die «Sterling», kommt aus Kopenhagen – Island ist noch dänisch – und soll in Leith ablegen. Ludwig ärgert sich sehr darüber, daß das «Sternchen» so winzig ist. «Es sieht ja wie eine gewöhnliche Ärmelkanalfähre aus!» schimpft er. Als sie am 7. September abends an Bord gehen, ist kein Mensch zu sehen, und sie müssen sich selbst um ihr Gepäck kümmern. David ist, wie sich später herausstellt, der einzige Engländer unter den rund zehn Passagieren an Bord, sonst gibt es, abgesehen von Ludwig, nur noch Isländer, die alle Englisch sprechen. Als die «Sterling» um neun Uhr ablegt, hat es sich jeder in einer eigenen Kabine mit zwei Kojen – «klein, aber nicht schlecht» findet David – gemütlich gemacht, während es draußen höchst ungemütlich schüttet.

Die Küste Schottlands zieht an ihnen vorbei. Es hat aufgehört zu regnen, man kann an Deck gehen. Die «wurstartigen Dinge», die als Mittagessen auf einem Tisch angerichtet werden, amüsieren David. Gut gelaunt können Ludwig und David sogar ihrer Lieblingsunterhaltung nachgehen. Auf dem Schiff gibt es tatsächlich ein Klavier. Sie holen die vorsorglich eingepackten Noten aus dem Koffer und klimpern Schubertlieder, während der Kapitän, ein lustiger und kräftiger Mann, der gut Englisch spricht, mit den Passagieren Wurfringspiele veranstaltet.

Die «Sterling» passiert schlingernd die Orkneyinseln. Ludwig wird etwas seekrank. Als es stärker stürmt, fühlt er sich ziemlich elend und bleibt im Bett, von David gepflegt, der abends selbst erkrankt. Auf den Färöern ist das Wetter wieder schön, und David fotografiert die eindrucksvollen Gebirgsformen. Seine Kabine verwandelt er in eine Dunkelkammer, um die Filme bereits an Bord zu entwickeln. Er freundet sich mit den anderen Passagieren an, nimmt am Wurfringspiel, an «Blinde Kuh» und «Old Maid» im Salon teil und spielt Klavier. Während er langsam immun gegen die Schiffsbewegungen wird, ist Ludwig durch seine Seekrankheit gehandicapt. Trotzdem wundert sich David darüber, daß sein Freund «erstaunlicherweise nie richtig seekrank» ist – Ludwig wird es zwar speiübel, aber er muß sich die ganze Fahrt über nie erbrechen. Die «Sterling» ankert vor Reykjavík, und David und Ludwig steigen im «Hotel Reykjavík» ab.

Reykjavík ist zu dieser Zeit eine aufstrebende Stadt mit 11600 Einwohnern, die bereits über alle Annehmlichkeiten der Zivilisation verfügt. David ist begeistert über die sauberen Stadtviertel, in denen es keine schmutzigen Slums wie im heimatlichen Birmingham gibt, über breite Straßen mit bunten, meist rot oder gelb bemalten, auf Steinfundamenten errichteten Wellblechhäusern und äußerst preiswerten Läden, über moderne Gasversorgung und Telefonapparate, die in fast allen Haushalten vorhanden sind. Damals eine Seltenheit: «Ich sah einige Leute auf Fahrrädern umherfahren.» Die Reykjavíker wirken auf ihn robust, gesund und gebildet. Alle sprechen Englisch, manche auch Deutsch und Französisch.

Ludwig diskutiert mit David so heftig über das englische System der Public Schools, daß beide erst nach einiger Zeit merken, daß sie sich mißverstehen. «Mir ist diese philisterhafte Einstellung gegenüber Leid und Grausamkeit ein Greuel», ruft Ludwig aus, der alle Menschen, die er nicht mag, als «Philister» bezeichnet, «ich hasse Kaltherzigkeit wie sie bei Kipling vorkommt, und du bildest dir auch noch etwas darauf ein!» David stellt seine Ansicht richtig und behält die Ruhe.

Das Wetter hat sich wieder eingetrübt, es ist kalt, aber David stellt erleichtert fest, daß sich die schlimmen Prophezeiungen von Ludwigs Onkel nicht bewahrheiten. Im Büro der Dampfschiffahrtsgesellschaft, bei der man die Kabinen für die Rückreise bucht, veranstaltet Ludwig einen «ungeheuren Wirbel», weil der Angestellte ihn schlecht versteht. David fährt seinen Freund schließlich ärgerlich an.

Am 13. September 1912 verstauen sie ihre Sachen in Spezialbehältern, die genau in die Satteltaschen isländischer Lastponys passen, um am folgenden Tag zu einer zehntägigen Tour ins Landesinnere zu starten. Der kleine Troß besteht aus drei Menschen und acht Ponys. Ludwig, David und ein Führer, der ihm auf Anhieb sympathisch ist, reiten auf Ponys, zwei tragen das Gepäck, und drei weitere dienen als Reserve, um nach etwa 35 Kilometern ausgetauscht zu werden. Die Tiere, mit denen der Führer sehr geschickt umgeht, sind klein mit zotteligem Fell und kommen wegen ihres Trippelschritts nur langsam voran. Dafür sind sie außerordentlich trittsicher, passieren auch die unwegsamsten Geröllhalden im Trott und fühlen sich auf den rauhen, geröllbedeckten Straßen Islands besonders wohl. Da es nieselt, haben die Reisenden ihr Ölzeug angezogen.

«Wir sehen wahrhaft arktisch aus!» lacht David.

Im neblig-trüben Wetter leuchtet die phantastisch-öde Mondlandschaft des mit Lavabrocken bedeckten Heidelands lebhaft hellgrün, gelb und rosa. Nach einem Abstieg durch vulkanisches Hügelland liegt der Thingvellir-See vor ihnen. Im Wirtshaus des Dorfes, das sonst nur noch aus Kirche, Pfarrhaus und ein paar verstreuten Bauernhöfen besteht, endet der erste Reisetag. David stellte abends fest, daß Ludwig ein augezeichneter Lehrer ist, der ihm Russells Definition der Zahl und die entsprechende symbolische Logik erklärt. «Ich lernte eine Menge von ihm. Er ist wirklich bemerkenswert scharfsinnig: Es ist mir nie gelungen, in seiner Schlußlogik auch nur den kleinsten Fehler zu entdecken: Und er hat mich gezwungen, meine Vorstellungen in vielen Bereichen zu ändern.»

Das Umland von Thingvellir ist flach und von großen Schluchten durchzogen, David kommt es wie ein einziger Fels mit Heidekraut vor. Am Fuße steilabfallender Felswände glänzt in der Tiefe blauviolettes Wasser. Er ist zwar kein trainierter Kletterer, aber einige aufregende Felsbesteigungen machen ihm Spaß, während sie bei Ludwig eine völlige Überreizung auslösen, so daß er die Fassung verliert und seinen erstaunten Freund inständig bittet, bloß nicht sein Leben aufs Spiel zu setzen. Sonst ist er ein «wirklich angenehmer Reisegefährte», notiert David.

Das Wetter klart auf, und es wird kälter, als sie die Hochebene von Thingvellir an der Nordseite des Sees zügig überqueren. Man kann das Schneegebirge und darunter Hekla sehen. Abends – nun wieder langsam wegen des aufgeweichten Bodens – erreichen die Reisenden einen Bauernhof vor Geysir, wo sie getrennte Schlafräume erhalten. «Gewöhnlich hatten wir zwei Schlafzimmer und dazu ein Wohnzimmer als privaten Aufenthaltsraum und Eßzimmer», schreibt David. «Die Betten in den Bauernhöfen etc. waren allesamt zu kurz; außerdem sind sie nur mit Laken und einer einzigen Daunendecke gemacht – eine schreckliche Sitte: Glücklicherweise hatte jeder von uns zwei Wolldecken mit und wir konnten auf die besagte Daunendecke verzichten.» Ludwig, der jede Strapaze als willkommene Charakterprüfung betrachtet, versichert hartnäckig, sein Notlager sei sehr bequem. Nachts zieht das Nordlicht trübweiße Lichtschlieren in nördlicher Richtung über den Himmel.

Am 17. September ist man bei den Geysiren angekommen. «Der Ort ist übersät mit kleinen Löchern, voll blubberndem, kochendheißem Wasser, aus denen es herausdampft – es riecht stark nach H_2S! Die meisten dieser Wasserlöcher blubbern unablässig vor sich hin, aus zweien jedoch spritzen in regelmäßigen Abständen große Wasserfontänen hoch. Aus den kleinen ein- bis zweimal am Tag ... Wir halfen nach, daß es höher spritzt, indem wir die Öffnung mit Torf verstopften – offenbar ein probates Mittel. Der Strahl, den es ausstieß, schnellte dampfend fast 15 Fuß hoch. Der größere Geysir spritzt nur einmal alle paar Tage, und da er es nun fünf Tage lang nicht getan hat, hoffen wir, daß es bald soweit ist.» Aber obwohl Ludwig und David sogar nachts noch bei Dunkelheit und Nebel ins Freie rennen, weil sie den Geysir gurgeln hören, läßt der große Ausbruch auf sich warten.

Ludwig erkältet sich und hat am nächsten Morgen einen heftigen einstündigen Anfall von Magenschmerzen. Als man noch einen zusätzlichen Tag in der Dorfwirtschaft von Geysir abwartet, und Ludwig sich schließlich mit einem fürstlichen Trinkgeld von seiner Gastgeberin verabschiedet – «worauf sie herauskam und jedem von uns die Hand schüttelte – zu rührend! Hier schüttelt man immerzu Hände – unser Führer macht das mit fast jedem, den er trifft» – schweigt der große Geysir immer noch.

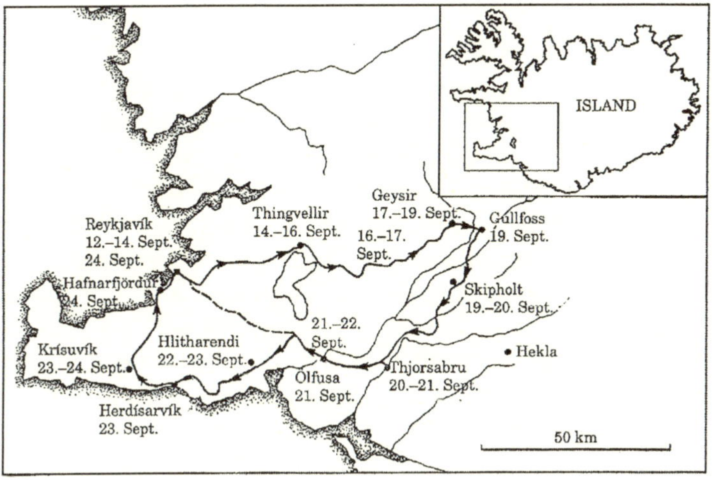

Karte von Davids und Ludwigs Reise in Island

Auf dem Weg zu den Gullfoss-Wasserfällen ist das Wetter klar, aber da der Boden sehr naß ist, geht es auf schmalen Saumpfaden nur sehr langsam voran. Für das gewaltige Panorama dieses tief in Islands Urgestein eingefressenen Urstroms nehmen sich Ludwig und David nur eine halbe Stunde Zeit. Ludwig wird zunehmend nervöser. Er ist irritiert über manche nicht-philosophischen, praktischen Ansichten Davids – so kommt es ihm «philisterhaft» vor, wenn David über die Vorteile des gegenwärtigen Zeitalters redet. David wundert sich zwar, glaubt aber nicht, daß Ludwig ihn wirklich für einen Philister hält, «Denn ich kann mir nicht vorstellen, daß er mich nicht mag.» Ludwig beruhigt sich mit dem Gedanken, daß mit dem Älterwerden sich auch Davids Ansichten ändern werden.

Sie überqueren die Ölfusa-Brücke auf einem einigermaßen bequemen Karrenweg, es kommt starke Bewölkung auf, dann Regen mit Sturm. Ludwigs Stimmung verdüstert sich, und David registriert Verdrießlichkeit. «Er reagiert sehr sensibel, wenn ich mich vorübergehend, etwa über eine Lappalie, aufrege – wie heute abend; ich weiß nicht einmal mehr worüber: Er war den Rest des Abends völlig niedergeschlagen und schwieg. Er beschwört mich ständig, nicht so reizbar zu sein, dabei tue ich mein Bestes, und es ist auf dieser Reise auch nicht oft vorgekommen!»

Auf dem Rückweg nach Reykjavík gibt es neuen Streit. Die Reise geht über unwegsame Lavaflächen, übersät mit pechfarbenen Schlacken und tiefschwarzem Lavastaub, in den die Ponys tief einsinken. Erst vor Krísuvík fallen sie wieder in einen scharfen Trab. «Morgen reite ich schnurstracks nach Reykjavík», kündigt David an. Ludwig will noch länger bleiben, um einige heiße Quellen zu besichtigen. Als David ihm einen Kompromiß vorschlägt, macht es ihn «krank vor Angst», David habe vielleicht nur um des lieben Friedens willen nachgegeben. «Ich tat es, um dir einen Gefallen zu tun, und um nicht egoistisch zu sein», erklärt David.

Nach der Besichtigung der heißen Quellen geht es zurück nach Reykjavík, ein Ritt bei herrlichem Wetter durch erloschene Vulkankrater, über einsame Bauernhöfe und durch idyllische Fischerdörfer, den David zu den interessantesten der Reise zählt. Er wundert sich darüber, daß sie bisher nicht die geringsten Anzeichen von Wald gesehen haben und vermutet, daß in ganz Island kein einziger Baum wächst. Abgesehen von Kleinigkeiten sind die Isländer für ihn nette Leute, auch wenn sie sehr «saumselig» sind. «Sie sprechen immer sehr laut, und eine Tür schließen sie nicht, nein, sie knallen sie zu – ausnahmslos!»

«Unsere Reise ins Landesinnere war ein voller Erfolg», sagt er zu Ludwig, der ihm zustimmt, «es tut mir richtig leid, daß sie nun zu Ende ist.»

Im «Hotel Reykjavík» sind Ludwig und David nicht mehr die einzigen Gäste. David findet sehr zu Ludwigs Mißfallen einen «herrlichen Schwerenöter» amüsant und unterhält sich mit ihm beim Abendessen. «Ich möchte mit solchen Leuten einfach nicht reden», sagt Ludwig und ärgert sich darüber, daß David anderer Meinung ist. Obwohl Ludwig nie mit dem Schwerenöter gesprochen hat, macht er ein fürchterliches Theater, als sie beim Frühstück denselben Tisch zugewiesen bekommen. Er erreicht, daß für die beiden Freunde fortan eine Stunde früher gedeckt wird und hat damit David wieder ganz für sich allein. Den Abend dieses Streittages beschließen die Freunde mit sehr süßem Champagner.

Für die Rückreise nach England steht ein größeres Schiff, die «Botnia», zur Verfügung, auf der rund dreißig Passagiere erster Klasse reisen. «Wie letztes Mal hatten Wittgenstein und ich jeder eine eigene Kabine mit zwei Kojen.» Wieder ist David fasziniert von Ludwigs Ideen. «Wir redeten die meiste Zeit über Logik und hauptsächlich über die neuen Forschungen, die Wittgenstein gerade betreibt: Ich glaube, er hat da wirklich etwas Brauchbares entdeckt.» Am 1. Oktober 1912 sind die Färöer erreicht, und David ist beeindruckt: «ein einziges riesiges Vorgebirge, das etwa von 2000 Fuß Höhe steil ins Meer abfällt und aus 15 Meilen Entfernung ganz verschwommen und riesig wahrzunehmen ist.» Das Ablegen der «Botnia» erleben sie vom Maschinenraum aus, und Ludwig kann seine Ingenieurskenntnisse anwenden. Er bleibt noch einen Tag bei Davids Familie in Birmingham, und beide besuchen das letzte Konzert des Musikfestivals. Von Brahms' *Requiem* ist er erneut begeistert, aber Ausschnitte aus Richard Strauss' *Salome* haßt er so, daß er erst nach der Pause wieder zu Beethovens *Fünfter* kommt.

Am 5. Oktober 1912 trägt David in sein Tagebuch ein: «Damit gingen die großartigsten Ferien zu Ende, die ich je verbracht hatte! Ein völlig neues Land – nicht sparen zu müssen – große Begeisterung – das macht das schönste Ferienerlebnis, das ich je hatte. Es hinterläßt in mir einen beinah mystisch-märchenhaften Eindruck: Denn solche Romanzen leben gerade von den neuen Eindrücken –, der ungewohnten Umgebung und was sonst noch sein mag, solange es nur neu ist.» Auch Ludwig ist sehr beeindruckt von den «Gewaltritt», für den ein Medizinstudent in Reykjavík, der dieselbe Reise ohne viel Gepäck und mit nur einem Pony als Reserve einen Tag nach ihnen unternahm, nur «Verachtung» übrig hatte. Die Reise erweckt nicht nur seine Liebe für die nordischen Länder. Zum erstenmal im Leben hat er einen wirklichen Freund gefunden, der seine Erlebnisse teilt. Ludwig ist verliebt. Sein eifersüchtiges Verhalten, das angeborene Ungeduld und luxuriöse Erziehung verstärken, deutet David gutmütig-naiv. In seinem Tagebuch ist Ludwig durchgängig «Wittgenstein», ein hochbegabter, ja genialer, oft unberechenbarer, aber lieber Studienfreund, auf dessen reale und eingebildete Zipperlein man verständnisvoll reagieren mußte, was David auch weiterhin tut: «Er litt offenbar unter starkem Rheumatismus und bemitleidete sich sehr.»

Auf der Islandreise findet Wittgenstein auch die «behelfsmäßige Lösung» eines Problems, das ihm «mächtig zu schaffen machte» und einen Teil seiner Gereiztheiten erklärt. «Sein jüngster Lösungsvorschlag setzt ganz woanders an und ist viel konkreter; sollte er sich als stichhaltig erweisen, kann er die symbolische Logik ganz schön revolutionieren.» Russell hielt den Vorschlag offenbar für stichhaltig, fürchtete jedoch, daß ihn niemand verstehen werde. «Ich aber meine, ihn verstanden zu haben!» stellt David stolz fest. «Wenn Wittgensteins Ansatz funktioniert, wird er als erster ein Problem lösen, mit dem sich Russell und Frege jahrelang herumgeschlagen haben: Außerdem ist der Lösungsansatz meisterhaft und überzeugend.» Es wäre interessant zu wissen, um welche Entdeckung es dabei geht. Die Erwähnung von Russell und Frege weist vielleicht auf den neuen Weg zur Vermeidung der Russellschen Antinomie hin, den Wittgenstein später im *Tractatus* einschlägt.

Jedenfalls besuchen am 4. Februar 1913 Russell und Wittgenstein Pinsent, und sie diskutieren über die Grundlagen der Logik, wobei Wittgenstein eine «Entdeckung erläuterte – eine Entdeckung, die er vermutlich erst heute morgen gemacht hat und die offensichtlich auch sehr wichtig und interessant ist. Russell stimmte dem, was er sagte, ohne Widerrede zu.» Einige Tage später übersetzte David außerdem Wittgensteins erste überlieferte Veröffentlichung, die Kritik des Buches *Die Wissenschaft der Logik* von P. Coffey, einem Professor am Maynooth College. «Es war sehr schwer», stellte David fest, «wohl weil sich der deutsche Satzbau vom englischen sehr unterscheidet. Außerdem bestand er auf einer ziemlich wörtlichen Übersetzung.» Wittgensteins Stil ist selbstsicher. Er ärgert sich darüber, daß Coffey moderne Logiker wie Frege und Russell nicht zur Kenntnis nimmt. «Aristoteles, dessen Name von unseren Logikern so häufig mißbraucht wird, würde sich im Grabe herumdrehen, wenn er wüßte, daß viele Logiker heute nicht mehr über Logik wissen als vor über 2000 Jahren.» Der erzielte Fortschritt sei vergleichbar mit dem Übergang von der Astrologie zur Astronomie und von der Alchemie zur Chemie.

Er zählt eine Reihe elementarer Fehler auf: «Es liegt auf der Hand, daß das Wort ‹ist› in dem Satz ‹Zweimal zwei ist vier› eine andere Bedeutung hat als in dem Satz ‹Sokrates ist sterblich› ... Ein Mensch ist offensichtlich etwas ganz anderes als die Menschheit.» Abschließend stellt Wittgenstein fest: «Das Schlimmste an solchen Büchern ist, daß sie verständige Menschen gegen das Studium der Logik einnehmen.»

12. Zwischen Embryo und Engel. Leidenschaftlich, heftig und intelligent lehnt Wittgenstein auch Russells populärphilosophische Ambitionen ab. Dieser schreibt 1911 an einer auch heute noch vielgelesenen populären Einführung, *Probleme der Philosophie,* die er seinen «Schillingsschocker» nennt – eine preiswerte Broschüre von rund hundert Seiten, die nach den Strapazen der *Principia* auf entspannende Weise eher Geld als Ruhm bringen soll und eine geschickt konzentrierte Zusammenfassung traditioneller philosophischer Begriffspaare und Stichworte wie Idealismus/Realismus, Empirismus/Rationalismus, Materie und Sinnesdaten enthält. In den folgenden Jahrzehnten werden alle Hoffnungen auf einen warmen Schilling-Regen von der Wirklichkeit übertroffen (eine deutsche Übersetzung erscheint 1926 in Erlangen, die siebzehnte englische Auflage 1943). Doch hat der philosophische Schock der speziellen Relativitätstheorie das philosophische Vorkriegsidyll von Cambridge noch nicht erreicht. Als Russell 1966 von seinem Verleger nach einem Umschlag-Layout der *Probleme der Philosophie* gefragt wird, antwortet er, das beste Titelbild sei ein Affe, der über einen Abgrund stolpert und ausruft:

«Mensch, hätte ich doch nicht Einstein gelesen!»

Und er fügt hinzu: «Auf keinen Fall sollte der Affe wie ich aussehen!»

Im letzten Kapitel des Buches betont Russell den Wert der Philosophie: Er liege gerade in ihrer «Unbestimmtheit».

«Der Mensch, der keine Neigung zur Philosophie hat, geht als Gefangener der Vorurteile durchs Leben, die aus dem Alltagsverstand, den gewohnheitsmäßigen Vorstellungen seines Alters oder seiner Nation stammen, und aus Überzeugungen, die in seinem Geist ohne bewußte Mitarbeit oder Zustimmung seiner Vernunft gewachsen sind.»

Wittgenstein hält das alles für Gerede. Für ihn liegt die Sache genau umgekehrt: Philosophie ist ein ständiger Kampf, ein Mittel gegen die Selbstvernichtung. «Er meint», berichtet Russell an Ottoline, «wer die Philosophie liebt, wird eben Philosophie treiben, während andere sich nicht darum kümmern, und damit hat sich der Fall. Für *ihn* gibt es keinen stärkeren Trieb als die Philosophie.»

Zu den ersten Hinweisen auf Wittgensteins eigene philosophische Gedanken gehören die Äußerungen «nichts Empirisches sei erkennbar» und «Existenzsätze seien bedeutungslos», die Russell 1951 anekdotisch in seinem Nachruf auf Wittgenstein mitteilt. Russell hält ihn deshalb anfangs fast für einen Idioten und schreibt an Ottoline «Mein Deutscher ist vermutlich ein Narr.» Um Wittgenstein durch eine Existenzaussage zu widerlegen, behauptet Russell:

«In diesem Raum ist momentan kein Nilpferd!»

Er sieht demonstrativ unter allen Pulten nach und entdeckt tatsächlich kein Nilpferd! Doch Wittgenstein ist durch solche Trivialitäten nicht zu überzeugen.

Das Problem scheint darin zu liegen, daß in die Beziehung von «wahrem Tatsachenglauben» und «zugehöriger Tatsache» die «Aussage» (Proposition) eingeschleust wird. Moore erhebt in seinen Vorlesungen von 1911 Einwände gegen die Annahme, «daß es solche Dinge wie Aussagen überhaupt gibt und Glauben nur in einer Geisteshaltung gegenüber diesen angenommenen Entitäten besteht».

Die *Aussage* «In diesem Raum ist momentan kein Nilpferd» ist so betrachtet *bedeutungslos*, allerdings nicht *sinnlos*, wie Joachim Schulte Russells «meaningless» übersetzt. «Man könnte denken», fährt nämlich Moore fort, «wenn es *keine* Dinge wie Aussagen gibt, dann müßten, wenn wir Feststellungen über sie treffen (was wir ständig tun und tun müssen), diese Feststellungen Unsinn sein.» Aus praktischen Gründen kann man den Sprachgebrauch jedoch beibehalten, wenn man sich des Problems bewußt ist.

So originell Russells Nilpferd-Anekdote (in einer anderen Fassung geht es um ein Nashorn) auch klingen mag – sie erinnert an einen Standardscherz Cambridger Philosophen auf Kosten von Bischof Berkeley und seinen genial ausgetüftelten Idealismus. Berkeleys berühmtestes Beispiel bezog sich auf Bäume, die nur existieren, wenn sie *wahrgenommen werden* (esse est percipi). Ihre Existenz setzt also *wahrnehmen* voraus (esse est percipere). Aber was passiert mit den Dingen, wenn sie keiner wahrnimmt? Verschwinden sie dann vorübergehend? Berkeleys pfiffige Antwort sollte die Philosophen fromm machen: Nur deshalb verschwinden die Dinge nicht, wenn wir wegsehen, weil Gott alle Dinge *ständig wahrnimmt*. Moore beschuldigt daher die Idealisten, sie glaubten, die Räder eines Eisenbahnzugs existierten nur während des Aufenthalts im Bahnhof, wenn die Reisenden sie sehen, und hörten auf zu existieren, wenn der Zug fährt. Berkeleys Argument fand auch Eingang in die Literatur. In Edward Morgan Forsters Roman *Die längste Reise* (1907) – der Titel stammt aus einem Gedicht von Shelley, und das Buch ist *Fratribus*, den Brüdern der Society, gewidmet – ist das Nilpferd eine Kuh, über deren Existenz während einer Sitzung der Apostel gestritten wird. Im Roman *Die Fahrt zum Leuchtturm* (1927) von Virginia Woolf wird der Philosoph Mr. Ramsey nach den Prinzipien seines Denkens gefragt und antwortet:

«Stellen Sie sich einen Küchentisch vor, wenn er nicht da ist.»

Seit Wittgenstein nehmen die Philosophen die Existenz von Nilpferden ernst

Metaphysische Scherze dieser Art werden Ludwig Wittgenstein todernst ein Leben lang begleiten – am Ende noch fragt er: «Prüft jemand je, ob dieser Tisch hier stehenbleibt, wenn niemand auf ihn achtgibt?»

«Beten Sie für mich, und Gott segne Sie! (Falls so etwas existiert)», schreibt er 1913 an Russell und drückt seine Existenz «logisch» aus:

Der Ihre, solange

$(\exists x).x = L.W.$*

*Wahrscheinlich wird sich herausstellen, daß dieser Satz keinen Sinn hat.

Übersetzt heißt die Formel: «Der Ihre, solange es ein x gibt mit der Eigenschaft x ist gleich Ludwig Wittgenstein».

Auch Wittgenstein bringt wie Berkeley Gott ins Spiel. Für ihn ist die Logik Himmel und Hölle zugleich. Einmal läuft er wie ein wildes Tier in erregter Stille drei Stunden im Zimmer auf und ab.

«Denken Sie über die Logik nach oder über ihre Sünden?» fragt Russell.

«Beides», murmelt Wittgenstein und rennt weiter.

Russells Fürsprache macht ihn zu Beginn des Frühjahrstrimesters 1912 zum Advanced Student und zum Mitglied des Trinity College Cambridge. Bis Juni 1912 beginnen seine Briefe noch mit «Lieber Herr Russell», dann mit «Lieber Russell». Ein gutes Jahr später geniert sich Wittgenstein, ihm einen deutschen Brief zu schreiben, weil er nicht weiß, ob er «Sie» oder «Du» schreiben soll. Er geht zum «Du» über. Man besucht sich gegenseitig. Wittgenstein besorgt Konzertkarten für Ottoline. Jeden Abend kommt er um Mitternacht zu Russell. «Mein deutscher Freund droht zur Plage zu werden!» seufzt der anfangs. Ludwig verfolgt ihn gewöhnlich nach der Vorlesung und argumentiert bis zum Dinner – oft «verbohrt und pervers, aber nicht dumm». Seine Streitlust ermüdet, und Russell fragt sich, ob er es mit einem Genie oder einem krankhaften Spinner zu tun hat. «Er ist gegen alle Angriffe vernünftigen Denkens wie mit Stahl gepanzert – es ist wirklich Zeitverschwendung, mit ihm zu reden.» Er empfiehlt Ludwig, nicht einfach bloß Behauptungen aufzustellen, sondern Argumente anzuführen, welche die Wahrheit beweisen können.

«Argumente beeinträchtigen nur die Schönheit der Gedanken», meint Wittgenstein, «ich habe dann das Gefühl, mit schmutzigen Händen eine Blume zu berühren.»

Obwohl Russell viel Verständnis für ästhetische Qualitäten hat, weil «in Verstandesdingen das künstlerische Moment so überaus selten ist», fehlt ihm der Mut zu einem solch künstlerisch-hemmungslosen Umgang mit der Wahrheit. Er empfiehlt, Ludwig sollte sich einen Sklaven halten, der für ihn die Argumente bereithält.

Die wundersame Mär von Russells genialem Schützling verbreitet sich unter den apostolischen Engeln schnell – Russell hat keinen Grund, Ludwig geheimzuhalten. Allerdings ist er skeptisch, ob der ernsthafte Ludwig Zeit auf die Society und ihre von Russell mißbilligten schwulen Liebschaften verwenden wird. Er macht ihn mit Lytton Strachey und Keynes bekannt. Im Mai 1912 trifft man sich mit Lytton zum Tee, und Russell kann Ottoline berichten, daß Wittgenstein, dessen Repertoire an Umgangsformen nur Langweiligkeit oder Brillanz zu bieten habe, sich Gott sei Dank von der besten Seite zeige. Strachey verpaßt Wittgenstein einen neuen Spitznamen und meldet an Keynes: «Herr Sinckel-Winckel ißt mit mir zu Mittag: stiller kleiner Mann.»

Lytton hält Wittgenstein schnell für eine «schreckliche Nervensäge». Über eine Diskussion mit Oliver Strachey, die einige Tage später stattfindet, ist er komisch entsetzt: «Oliver und Herr Sinckel-Winckel gehen richtig ran und reden über Universalien und Einzeldinge. Letzterer ach so gescheit, doch quelle souffrance! Ach du lieber Gott! O Gott! ‹Wenn A B liebt› – ‹Es gibt vielleicht eine gemeinsame Eigenschaft› – ‹In dieser Weise gar nicht analysierbar, doch die Komplexe haben bestimmte Eigenschaften.› Wie werde ich es nur fertigbringen, mich ins Bett fortzustehlen?»

Russell ist Ludwigs Homosexualität bekannt. «Wittgenstein war witzig, aber ein Homosexueller», sagt er später einem Freund, und seine Briefe an Ottoline sind voller versteckter Anspielungen. Trotzdem schwärmt er in diesen Tagen mehr denn je von Ludwig:

«Seine Fehler sind die meinen!»

«Wie schön für dich – wenn du nur wie Lytton veranlagt wärst!» kommentiert Ottoline trocken.

Im Oktober lernen sich – wieder zu Tee bei Russell – Ludwig und Keynes kennen, der sich gegenüber Duncan Grant überaus positiv äußert:

«Wittgenstein ist ein wundervoller Mensch ... und außergewöhnlich nett – ich fühle mich in seiner Nähe extrem wohl.»

Mit einigen Zweifeln tritt Ludwig in die Society ein, die ihn im Gegensatz zu David mit offenen Armen aufnimmt. Die erste Sitzung, an der er teilnimmt, findet am 16. November 1912 statt. Moore spricht über religiöse Bekehrung, und Ludwig äußert die Ansicht, religiöse Erfahrung bestehe darin, daß man von Sorge befreit werde und Mut für die Zukunft gewinne. Lytton reibt sich nach der Wahl des neuen Bruders genüßlich-schadenfroh die Hände und sieht herrliche Zeiten kommen: «Unsere Brüder Bliss und Wittgenstein sind so eklig, und unser Bruder Békássy ist so nett, daß die Society jetzt sehr schnell in die fortschrittlichsten Gewässer steuern wird. Sonntag abend schaute ich bei Bliss vorbei, und er machte einen genauso ekligen Eindruck wie seinerzeit Rupert. Es war wirklich entzückend!»

In einem Brief an einen anderen Freund, Sydney Saxon Turner, unterstellt er Russell Eifersucht:

«Der Arme fühlt sich ganz elend. Er sieht aus wie 96 – mit langem schneeweißen Haar und unendlich vergrämten Zügen. Die Wahl Wittgensteins hat ihn schwer getroffen. Er wollte ihn ganz für sich behalten, was ihm auch gelang, bis Keynes ihn sah und sofort erkannte, daß er genial ist und unbedingt aufgenommen werden mußte. Auch die anderen stimmten begeistert zu (nachdem Békássy anfangs leicht geschwankt hatte). Die Entscheidung traf Bertie unvorbereitet, so daß er fast in Ohnmacht fiel.»

Erst 1966 erfährt Russell den Inhalt dieses Briefs durch Lytton Stracheys Biograph Michael Holroyd und ist völlig überrascht. Er habe zur Wahl Wittgensteins als Apostel keine spezielle Meinung vertreten und sei im Gegenteil froh über äußere Einflüsse gewesen, die Wittgenstein «von seinen langen Monologen, die manchmal die ganze Nacht lang bis in den frühen Morgen dauerten, in denen er sich selbst befragte und seine Motive prüfte», ablenken konnten.

Seine Zweifel an Wittgensteins Eignung zum Apostel, grundlos als Eifersucht interpretiert, bestätigen sich bald. Während das Gespräch mit den Engeln Russell, Moore und Keynes für Wittgenstein natürlich interessant ist, kann er andere Brüder einfach nicht leiden. An Békássy, der bei seiner Aufnahme in die Society Keynes und seine Freunde so aufgeregt haben soll, daß diese ihn am liebsten auf dem Kaminvorleger «flachgelegt» hätten, haßt er als Österreicher offenbar den ungarischen Adeligen, an Francis Bliss vom King's schlicht und einfach mangelndes Denkvermögen.

Anfang Dezember erfährt Lytton von seinem Bruder James, der für Wittgenstein den Spitznamen «Witter-Gitter-Mann» bevorzugt, der Austritt stehe kurz bevor. Russell teilt am Ende des Semesters Ottoline mit:

«Wittgenstein hat den Zirkel verlassen. Ich glaube, das war richtig; nur die Treue zu den Aposteln hat mich abgehalten, das schon früher zu sagen ... Ich hatte ja viel Ärger mit ihm. Die Aussicht, ihn für einige Zeit nicht zu sehen, ist sehr entlastend, auch wenn ich mich für dieses Gefühl selbst verurteile.»

Man bemüht sich, Wittgensteins Abgang nicht als echten

Austritt zu definieren und billigt ihm einen Sonderstatus zu, einen Schwebezustand zwischen Embryo und Engel – pro forma Mitglied, muß Wittgenstein nicht an den Sitzungen teilnehmen. David dagegen, der dem Musikklub der Universität, der «Union Society», der Gesellschaft für Eugenik und kurzzeitig auch der «Fabian Society» angehörte, wäre gern auch noch Apostel geworden. Um neue Mitglieder kümmert sich 1912 John Maynard Keynes, der mit Davids Vater in Amersham Hall studiert hatte. Keynes setzt sich für die Aufnahme ein, kann seinem «Embryo» jedoch nicht zur Geburt verhelfen.

13. Reise nach Norwegen. Im Mai 1913 macht Ludwig David den Vorschlag, gemeinsam nach Spanien zu fahren – mit denselben großzügigen finanziellen Regelungen wie zur Islandreise im Vorjahr. David zögert, Ludwig ist nicht sein einziger Freund, und er wird in diesem Sommer noch weitere Reisen unternehmen, im April eine Madeirareise mit seinem Freund Winn und im Sommer eine Wandertour durch Bayern mit seinem Bruder und einem Freund.

«Aber Wittgensteins Angebot ist viel zu gut, als daß man es ablehnen könnte», meint Davids Mutter.

Er freut sich auf ein außergewöhnliches Ferienjahr. Im Juli schreibt ihm Ludwig von Österreich aus, daß es zwischen dem 25. und 30. August 1913 losgehen soll. Genaueres steht nicht in diesem Brief, und David hat keine Ahnung, wo sich Ludwig befindet – er schreibt von Birmingham aus Briefe nach Cambridge, London und Wien, die unbeantwortet bleiben. Erst am 23. August kommt aus Wien der heißersehnte Antwortbrief: Am dreißigsten will er sich mit David in London treffen. Fast gleichzeitig trifft aber ein Telegramm ein, in dem Ludwig alles wieder über den Haufen wirft und David für übermorgen, den 25., ins Londoner Grand Hotel bittet. «Schwer zu erraten», rätselt David, aus dessen Briefen Ludwig wußte, daß er an diesem Tag in London sein würde, «ob das hieß, wir sollten zu dem Zeitpunkt unsere Spanienreise antreten, oder ob er einfach mit mir reden wollte.»

Im Hotel eröffnet Ludwig David, er habe die Grippe gehabt und könne erst am 30. aufbrechen, da er in Cambridge noch Whitehead und Russell treffen will. Dann stellt er überraschend das Reiseziel in Frage und macht drei neue Reisevorschläge: in die Pyrenäen nach Andorra zu reisen und dort zu bleiben, mit einem White-Star-Schiff von Malta aus auf die Azoren zu fahren oder von Bergen aus in Norwegen zu wandern.

«Er gab sich Mühe», schreibt David hinterher in sein Tagebuch, «seine Vorliebe für einen der Pläne nicht zu zeigen, damit ich frei wählen könnte: Es war jedoch offensichtlich, daß er Norwegen bevorzugte, weshalb ich mich schließlich auch dafür entschied.»

Eigentlich wäre David die Azorenreise lieber gewesen, aber er nahm an, daß sie gerade Ludwig mißfallen hätte, der «sicher ist, dort Horden amerikanischer Touristen anzutreffen, und die kann er nicht ausstehen! So fahren wir eben nach Norwegen und nicht nach Spanien.» David hat keine Ahnung, warum sich Ludwig umentschieden hatte.

Ludwig quillt über vor neuen Gedanken und erklärt ihm noch am selben Abend auf seinem Schlafzimmer seine jüngsten Entdeckungen auf dem Gebiet der Logik. «Sie sind wirklich verblüffend und bedeuten die Lösung aller Probleme, an welchen er das ganze letzte Jahr erfolglos gearbeitet hatte. Er erzählt mir immer, woran er gerade arbeitet, und es ist äußerst interessant mitzuverfolgen, wie er sein Werk schrittweise entwickelt, von Hypothese zu Hypothese, bis er schließlich dieses neue System entdeckt hat – wunderbar einfach und einleuchtend und offenbar die Lösung schlechthin.» David glaubt, daß Ludwig damit Russell «zu weiten Teilen widerlegt» habe, was die logischen Grundlagen anbelangt, nicht die Mathematik. Ludwig war ausschließlich an den Grundlagenfragen interessiert. Ob Russell es übelnehmen wird? David glaubt nein, denn Russells Leistung wird dadurch nicht geschmälert, und Wittgenstein verdankt ihm als Schüler sehr viel.

Längst ist David Ludwigs Schüler geworden. Er staunt über Ludwigs Arbeit – «ich glaube, der trübe Sumpf der Philosophie wird nun anhand einer griffigen Theorie der Logik klarer – der einzigen philosophischen Teildisziplin, in der der Mensch überhaupt gesicherte Erkenntnis erlangen kann – in der Metaphysik ist so etwas durch das gänzliche Fehlen von Daten kaum möglich» – und ein Nachecho der Coffey-Rezension macht sich bemerkbar: «Es verhält sich wie beim Übergang von der Alchemie zur Chemie.» Man vernimmt auch ein schwaches Vorecho des *Tractatus*: «Die Logik macht letztlich die ganze Philosophie aus», räsoniert David, «alles andere, was sich gern so nennen möchte, ist entweder Metaphysik – ein hoffnungsloses Gebiet, da alle festen Anhaltspunkte fehlen – oder Naturwissenschaft, z. B. Psychologie.» Doch mehr ist es nicht – der tatsächliche *Tractatus* ist unendlich weniger naiv und alles andere als eine «griffige Theorie».

Stolz auf den Freund klingt durch, wenn David berichtet, daß sowohl Russell als auch «der gute Whitehead» von Ludwigs Arbeit «hell begeistert» waren – ein glänzender Triumph: «Es sieht ganz danach aus, als müßte der erste Band der *Principia* nun umgeschrieben werden, und vielleicht schreibt die ersten elf Kapitel gar Wittgenstein.» Ludwig ist in der Tat zu Russells Erbprinz geworden. Er vermittelt dem Älteren «ein herrliches Gefühl der Trägheit, denn ich spüre, einen ganzen Bereich schwieriger Gedanken, der sonst ganz allein mir überantwortet bliebe, einfach ihm überlassen zu können». Dazu gehört beispielsweise ein geplanter vierter Band der *Principia Mathematica*, deren anstrengende technische Seite Wittgenstein übernehmen könnte.

Ludwig und David stechen in See. Wie in Island übernimmt Ludwig Davids Reisekosten, ausgestattet mit 70 Pfund und einem Kreditbrief, und wieder reisen die Freunde nach Möglichkeit erster Klasse. Sie buchen die Überfahrt nach Christiania auf dem Dampfer S. S. «Eskimo» am 30. August und legen noch am selben Abend in Hull ab. «Jeder von uns hat eine Kabine mit zwei Kojen.» Kurz nach dem Ablegen bricht Ludwig in Panik aus, weil er glaubt, seine Reisetasche mit allen Papieren sei in Hull geblieben. Gerade als eine Suchmeldung per Funk aufgegeben werden soll, findet sich die Tasche vor einer fremden Kabinentür. Das Schiff ist diesmal mit 3500 Bruttoregistertonnen viel größer als auf der Islandreise und wesentlich komfortabler: Es verfügt über einen geräumigen Herrensalon, einen Gesellschaftsraum mit Flügel und ein riesiges Salondeck, auf dem etwa vierzig hauptsächlich englische Passagiere wohnten. Weil es neblig ist, heult während der ganzen Nacht die Schiffssirene, und die «Eskimo» kommt nur langsam voran. Im Grand Hotel von Christiania «nahmen wir zwei Einzelzimmer für die Nacht», schreibt David in sein Tagebuch.

«Kommen wir nicht hervorragend miteinander aus?» fragt Ludwig.

David merkt instinktiv, daß sein Freund gefühlsmäßig mehr von ihm verlangt, als er geben will oder kann. Er tut Ludwigs Bemerkungen leichthin ab. «Was mich betrifft, so habe ich so meine Schwierigkeiten, auf derlei Gefühlswallungen adäquat zu reagieren», vertraut er seinem Tagebuch an, «ich habe unheimliche Hemmungen, meine Begeisterung kundzutun.» Am nächsten Morgen ist Ludwig «komplett verstimmt und schnippisch». Als sie im Zug nach Bergen sitzen – diesmal zweiter Klasse, weil es keine erste gibt –, müssen sie im letzten Moment die Plätze wechseln, weil Ludwig sich darauf versteift hat, nicht unter den anderen Touristen zu bleiben. Ein «äußerst liebenswürdiger Engländer» taucht auf, der sich mit David unterhält und auch Ludwig einlädt, gemeinsam in seinem Abteil zu rauchen, denn

David und Ludwig haben ein Nichtraucherabteil. Als Ludwig um keinen Preis mitgehen will, begleitet David den neuen Bekannten für kurze Zeit in dessen Abteil – alles andere wäre ein Affront gewesen.

Als er zurückkommt, ist Ludwig in einem «schauderhaften Zustand».

«Es ist ein netter Kerl», versucht David zu erklären.

«Dann kannst du ja gleich mit ihm weiterreisen», erwidert Ludwig pikiert.

Daraufhin wäscht David «ihm den Kopf, bis er wieder normal und umgänglich war. Ich wollte mich schon den ganzen Morgen über mit ihm aussprechen – ich schaffe es ja auch immer wieder, mich mit ihm zu versöhnen, wenn ich nur die Möglichkeit habe, offen und ehrlich zu sein; doch ein blöder Umstand nach dem anderen hatte dies verhindert. Kaum bot sich die Gelegenheit, konnte ich alles in zehn Minuten bereinigen. Er ist eine chaotische Person. Immer wenn er diese Anfälle von Trübsinn kriegt, muß man ihn mit Glacéhandschuhen anfassen und Nachsicht walten lassen.» In seiner Mimosenhaftigkeit erinnert er David an den Levin aus Tolstois *Anna Karenina*. «Wenn er verdrießlich ist, denkt er das Schlimmste von mir – doch hinterher ist er völlig zerknirscht.»

David weiß natürlich, daß es Russell mit Ludwig ähnlich ergeht. «Der einzige Mensch auf der Welt, mit dem er einen vertrauten Umgang hat, außer mir – ist Russell: Und der erlebt mit ihm regelmäßig die gleichen Szenen. Ich weiß das von Russell und auch von ihm.» Der Streit muß sie jedoch einander nähergebracht haben, denn mit der Tagebucheintragung vom 3. September 1913 spricht David jetzt immer von «Ludwig», während vorher stets von «Wittgenstein» die Rede war.

Der Zug fährt langsam mit vielen Aufenthalten, es geht steil bergan bis auf rund 1370 m Höhe. In den Talgründen sehen sie Wald, in der Höhe wächst noch Gras, ganz oben gibt es nur Gletscher und Felsen – «ziemlich arktisch», wie David wieder einmal feststellt. Neben der Bahnlinie laufen hohe Holzzäune her, die im Winter vor Lawinen schützen sollen und wie künstliche Holztunnel wirken, wenn sie den Schienen näherrücken. Zwischen den winterlichen Höhen und dem milden Sonnenschein auf Meereshöhe macht sich ein empfindlicher Temperaturunterschied bemerkbar.

Am Abend kommen sie noch einmal auf den Streit zurück. Ludwig scheint sehr unter etwas zu leiden, das David «Anfälle von schlechter Laune» nennt, obwohl sich Ludwig bemüht, «nicht so viele Reibungspunkte entstehen zu lassen wie letztes Jahr in Island». David ist eigentlich der Meinung, daß sie trotz gelegentlicher Kräche, bei denen sich Ludwig seiner Meinung nach über eine Lappalie wie das Besorgen der Schiffskarten für die Rückreise aufgeregt hatte, in Island gut miteinander ausgekommen waren. Jetzt stellt er erstaunt fest, daß es Ludwig offenbar sehr an die Nieren gegangen war.

«Ich habe mich letztes Jahr wirklich manchmal gefragt, ob ich dich überhaupt leiden kann», behauptet Ludwig, «aber seither haben wir uns besser kennengelernt, und ich bin mir nicht mehr unsicher.» Bedeutungsvoll fügt er hinzu:

«Mir hat die Islandreise gefallen – soweit das möglich ist für zwei Menschen, die nichts weiter miteinander haben.»

«Da hat es mir wirklich besser gefallen», bemerkt David trocken.

Ludwig befindet sich offenbar in einem viel reizbareren und neurotischeren Zustand denn je, und David fürchtet, daß es diesmal viel schwerer wird, Reibungspunkte zu vermeiden. In Cambridge ist ein Auskommen einfacher, weil sie sich dort nicht ständig sahen. Daß das von Ludwig so herbeigewünschte enge Zusammensein alles schwieriger und nicht einfacher macht, stürzt diesen «in heillose Verwirrung». Angekommen im «Hotel Norge» in Bergen, betont David: «Dort bekamen wir zwei Einzelzimmer für die Nacht.»

Während David an seinem Tagebuch schreibt, arbeitet Ludwig an seiner Logik, wobei er in einer Mischung von Englisch und Deutsch vor sich hin murmelt und wie bei Russell im Zimmer ständig auf und ab läuft. Sie machen eine Spritztour rund um Bergen im offenen «Victoria», einem Auto mit Klappverdeck nur über den hinteren Sitzen, um das prächtige Panorama der umliegenden Berge zu bewundern. In einem Reisebüro erkundigen sie sich nach einem kleineren Ort, der schön gelegen und – auf Ludwigs entschiedenen Wunsch – von Touristen unbehelligt sein sollte, um dort für etwa drei Wochen zu wandern und zu segeln. Sie entscheiden sich für Öystese, ein kleines Dorf in einer Bucht des Hardangerfjords, das sich bald als ideal herausstellt. Der Besitzer eines nahegelegenen Hotels – David findet, ein sehr «ruhiger Mann – sehr angenehm» – hatte mit seiner Frau fast zwanzig Jahre in Chicago gelebt und spricht hervorragend Englisch mit amerikanischem Akzent. «Er gab uns zwei Einzelzimmer und dazu noch ein großes Zimmer, das man für uns zu einem privaten Aufenthaltsraum umgestaltet hatte.» Alle Räume besitzen Fenster zum Fjord.

Wieder kommt es zu einer Szene mit Ludwig. «Wir waren in bestem Einvernehmen gewesen, bis ich ihn einen Moment allein ließ, um ein Foto zu machen. Als ich zurückkam, gab er keinen Ton mehr von sich und war eingeschnappt. Wir gingen eine Stunde schweigend nebeneinander her, dann fragte ich ihn, was los sei.» Ludwig ist angewidert davon, daß David so scharf auf das Foto war:

«Wie einer, der beim Spazierengehen in der schönen Landschaft nur den einen Gedanken hat, wie er einen Golfplatz daraus machen könnte.»

David spricht lange mit ihm darüber, und sie vertragen sich wieder. David findet Ludwigs Zustand «schrecklich neurotisch», in den Selbstvorwürfen, die sich Ludwig macht, tritt «jämmerlicher Selbstekel» zutage.

«Zunächst ging er mir ziemlich auf die Nerven», trägt David in sein Tagebuch ein, «da ich seine Gefühle blöde und egoistisch fand.»

Schließlich tut Ludwig ihm nur noch leid:

«Er kann offenbar nichts für diese Anfälle.»

David glaubt, daß es Ludwig «nicht viel besser geht als solchen Menschen wie Beethoven. Er sagt, er habe mitunter sogar an Selbstmord gedacht.» Er hätte auch Weininger zitieren können, der zwischen Genialität, Logik und Selbstmord einen sexuellen Zusammenhang im Sinne von «M» und «W» herstellte:

«Denn gerade die starke Periodizität des Genies bringt es mit sich, daß bei ihm immer erst auf sterile Jahre die fruchtbaren und auf sehr produktive Zeiten immer wieder sehr unfruchtbare folgen – Zeiten, in denen er von sich nichts hält, ja von sich *psychologisch* (nicht logisch) weniger hält als *von jedem anderen Menschen*: quält ihn doch die Erinnerung an die Schaffensperiode, und vor allem – wie *frei* sieht er sie, die von solchen Erinnerungen nicht belästigten, herumgehen! Wie seine Ekstasen gewaltiger sind als die der anderen, so sind auch seine Depressionen fürchterlicher. Bei jedem hervorragenden Menschen gibt es solche Zeiten, wo er in völliger Verzweiflung an sich selbst sein, wo es bei ihm zum Selbstmordgedanken kommen kann (...).»

Sie mieten sich für eine Krone täglich ein kleines Segelboot und bedienen es ohne die Hilfe eines Matrosen selbst. Es ist offen, etwa 18 Fuß lang, ohne Kiel und Kielschwert, aufgetakelt mit Fock- und Großsegel, das ohne Spiere oder Gaffel nur mit einem Sparren vom Fuß des Mastes abgeht. Ludwig versteht nichts vom Segeln, was daher Davids Arbeit wird. Das Wetter ist schön, aber oft mit wenig Wind zum Segeln, so daß man nicht sehr weit hinausfahren kann. Später kommt wechselhaftes Wetter und stärkerer Wind auf, und sie lernen, die verkürzt wirkenden Entfernungen auf der weiten Wasserfläche des Fjords richtig zu beurteilen. Das Boot erweist sich als schwerfällig beim Wenden und ist stark leegierig, so daß ein Segeln gegen den Wind Schwierigkeiten macht.

«Hier bin ich an einem kleinen Ort», schreibt Ludwig an Russell, «und denke über die scheußliche Typentheorie nach ... Es ist ungeheuer tröstlich für mich, Pinsent hier zu haben. Wir haben uns ein kleines Segelboot gemietet und segeln damit auf dem Fjord umher, oder vielmehr: Pinsent erledigt all das Segeln, während ich im Boot sitze und arbeite. Werde ich etwas dabei herausholen??! Wenn nicht, so wäre das schrecklich, und meine ganze Arbeit wäre vergeudet. Ich lasse den Mut jedoch nicht sinken und denke weiter nach. Beten Sie für mich!» Die Probleme, mit denen sich Ludwig herumschlägt, scheinen ihm sehr schwierig und grundlegend und erzeugen das schreckliche Gefühl, «es stünde ganz fest, daß meine Arbeit auf die eine oder andere Weise ganz und gar verloren geht», und er hofft – wie ihm scheint, gegen die Vernunft –, daß es doch nicht so kommt.

Abends unterhalten sich David und Ludwig mit einer eigenen phantasievollen Variante von Domino. «Anfangs spielen wir es immer ganz normal, aber zum Schluß bauen wir aus den Dominosteinen wunderbare Konstrukte, die wir – mittels ausgeklügelter Vorrichtungen, die ebenfalls aus Dominosteinen bestehen – wieder zu Fall bringen.» Selbst bei langen Spaziergängen auf der Küstenstraße und durch die nahen Hügel reden die Freunde über Logik. Von Fels zu Fels springend, klettern sie mit großem Spaß ein Flußbett entlang, und Ludwig, der sehr unbeholfen ist, fällt öfters ins Wasser. Gemeinsam attackieren sie mehrmals ein Wespennest, erst mit petroleum- und methylalkoholgetränkten Wattebäuschen, dann mit Benzin. Wie auf der Islandreise spielen und pfeifen sie ständig Schubert – das Repertoire war auf rund vierzig Lieder angeschwollen – und sind sehr vergnügt, wenn Ludwig nicht gerade wieder einen seiner «Anfälle» hat.

«Ludwig war den ganzen Vormittag und den überwiegenden Teil des Nachmittags ziemlich trübsinnig und unnahbar – und er arbeitete die ganze Zeit an der Logik.» Manchmal gelingt es David, ihn auf das umzustimmen, was er für seine «normale Gemütsverfassung» hält. Ludwigs «Typentheorie» hat eine depressive Wirkung. «Er ist von einer krankhaften Angst besessen, zu sterben, ehe er die ‹Typentheorie› aufgestellt und seine anderen Werke allgemein verständlich und nutzbringend für die Wissenschaft der Logik zu Papier gebracht hat.» Er hat bereits eine Menge geschrieben und Russell das Versprechen abgenommen, sein Werk zu veröffentlichen. «Doch er befürchtet, das bisher Geschriebene sei nicht klar genug formuliert, seine wahren Gedankengänge etc. – die natürlich weit wertvoller sind als die endgültigen Denkergebnisse – würden daraus nicht klar ersichtlich.» Hatte Ludwig früher noch gesagt, daß er sicher in vier Jahren sterben muß, so glaubt er jetzt, daß dies schon in zwei Monaten passiert.

Am 20. September regnet es gelegentlich. «Ludwig war den ganzen Abend schrecklich niedergeschlagen. Er hat in letzter Zeit unheimlich hart gearbeitet – vielleicht ist das der Grund», vermutet David. Ludwig spricht wieder von seinem Tod. An Russell schreibt er:

«Noch gibt es keine Lösung für die Typen, aber ich habe alle möglichen Ideen, die mir sehr grundlegend erscheinen. Nun wird das Gefühl, daß ich sterben muß, ehe ich sie veröffentlichen kann, mit jedem Tag stärker in mir ... Glauben Sie nicht, ich hielte meine Ideen für sehr wichtig, doch ich kann mich nicht des Gefühls erwehren, sie könnten den Leuten helfen, *einige* Fehler zu vermeiden. Oder irre ich mich?»

Er fordert Russell auf, diesen Brief nur zu beachten, wenn er diese Frage verneint. «Ob meine Ideen es wert sind oder nicht, daß man sie nach meinem Tod bewahrt, kann ich natürlich gar nicht beurteilen.» Oder macht er sich mit diesen Überlegungen einfach lächerlich? «Wenn es aber lächerlich ist, so versuchen Sie meine Torheit bitte zu entschuldigen, weil es keine oberflächliche, sondern die tiefste Torheit ist, deren ich fähig bin.» Er bittet Russell inständig um ein nochmaliges Treffen in London.

«Ich weiß, es mag sowohl hochmütig als auch töricht von mir sein, diese Bitte an Sie zu richten. Aber so bin ich nun einmal, und denken Sie von mir, was Sie wollen. Für *immer* bin ich Ihr

L. W.»

«Ich habe nicht wirklich Angst vor dem Sterben», erklärt er David, «sondern bin nur furchtbar besorgt, die wenigen mir noch verbleibenden Augenblicke meines Lebens zu verschwenden.»

«Ich sehe keinen vernünftigen Grund, warum du nicht lange leben solltest», versucht David zu trösten, aber er merkt, daß es ein hoffnungsloses Unternehmen ist, Ludwig diesen Glauben, der ihm so grauenhaft zu schaffen macht, ausreden zu wollen: «Er kann für seine Befürchtungen überhaupt nichts – denn er ist verrückt.»

«Meine ganze Arbeit über die Logik ist am Ende sinnlos», jammert Ludwig elend, «und mein nervöses Temperament hat mir ein Leben voller Unannehmlichkeiten beschert – für nichts und wieder nichts.»

«Deine Arbeit ist nicht gänzlich sinnlos», sagt David, «es kann sich momentan nur niemand ein Urteil darüber bilden – am wenigsten du.»

Er erzielt wenigstens einen Teilerfolg, denn als man zu Bett geht, ist Ludwig wieder einigermaßen fröhlich. Im fernen Cambridge läßt Russell Ludwigs seltsamen Brief mit der Maschine abschreiben und merkt am Rand ein Datum für ihr Treffen an.

David und Ludwig rudern bei schönem Wetter zu einer kleinen Insel in der Mündung der Bucht von Öystese. Nach kurzer Zeit beginnt das Boot stark zu lecken, und David stellt fest, daß der Bootspfropfen an der Unterseite herausgefallen war. Ludwig stopft das Loch mit seinem Taschentuch zu, und sie können das Wasser ausschöpfen. Sie besuchen eine weitere, größere Insel, nehmen zwei Paar Riemen statt wie bisher nur eins mit und rudern ohne Mast und Takelage. David übernimmt meistens die gesamte Ruderarbeit. Sie kommen auf Ferien im allgemeinen zu sprechen. Überraschend sagt Ludwig:

«Ich habe meine Ferien noch nie so genossen wie diesmal.»

David findet das merkwürdig, wenn er daran denkt, wie oft Ludwig in letzter Zeit depressiv war. Aber er erkennt, daß diese Anfälle einfach ein Teil von Ludwigs Wesen sind und eigentlich nichts Ungewöhnliches. «Er war wirklich sehr fröhlich, wenn er nicht gerade seine Depressionen hatte.» David versucht, Reibungspunkte zu vermeiden. «Aber ich darf mich nicht beklagen – denn er ist durchaus ein liebenswerter Gefährte, solange es keine Reibereien gibt.» Am nächsten Tag ist Ludwig sehr gut gelaunt, eröffnet David jedoch einen Plan, der diesem «höchst alarmierend» vorkommt. Ludwig erklärt, daß er sich «sozusagen ins Exil zurückziehen und für ein paar Jahre fern von allen Bekannten leben möchte – zum Beispiel in Norwegen. Daß er – wie ein Eremit – ganz allein auf sich gestellt, leben und sich ausschließlich mit Logik befassen möchte. Seine Beweggründe hierfür scheinen mir seltsam – aber zweifellos sind sie für ihn sehr konkret: Erstens glaubt er, unter solchen Umständen unendlich mehr und besser arbeiten zu können als in Cambridge, wo die ständigen Ablenkungen (z. B. durch Konzerte) ihn furchtbar von der Arbeit abhalten. Zweitens findet er, er sollte nicht in einer unsympathischen Umgebung leben (es sind ihm ja die wenigsten Leute sympathisch) und sich ständig dabei ertappen müssen, wie er andere verachtet und ihnen mit seinen neurotischen Anfällen auf die Nerven geht – ohne daß er für seine Verachtung eine Rechtfertigung hätte etc., etwa, daß er ein großer Mann wäre, der wahrhaft Großes geleistet hätte.»

Die Exil-Idee kann David, der Gesellschaft liebt, nicht nachvollziehen. Selbst kurze Trennungen mag er nicht. Als Ludwig etwa zwei Wochen vorher über das Wochenende allein nach Bergen fahren mußte, um dringend benötigte Dinge zu besorgen, fand es David «schon dumm, daß wir uns trennen müssen». Einsamkeit erschreckt ihn: «Ich würde verrückt vor Langeweile, wenn ich ganz allein leben müßte, ich könnte ohne die Möglichkeit der Zerstreuung überhaupt nicht arbeiten. Doch er ist in dieser Hinsicht ganz anders und kann das mühelos aushalten. Der zweite Beweggrund kommt mir wie eine ziemliche Donquichotterie vor: Das entspricht auch sehr seinem Empfinden. Er hat sich noch nicht endgültig entschieden – doch die Wahrscheinlichkeit ist groß, daß er seine Ankündigung wahr macht.»

David hilft am 25. September 1913 Ludwig bei einem philosophischen Einführungsvortrag für das Londoner Working Men's College, der einen Philosophiekurs für Arbeiter eröffnen sollte. Das College war die Geburtsstätte der englischen Arbeiterbildung, sie sollte den Sozialismus des Christentums und das Christentum des Sozialismus verbreiten, einer Art Schulung durch Sühne, zu der sich die Reichen damals verpflichtet glaubten. Solche Vorträge gehören zu den Hausaufgaben angehender Philosophen, die eine akademische Karriere einschlagen wollen, und es sieht einen Moment lang so aus, als ob auch Ludwig diesen Weg einschlägt. Zehn Jahre später hätte sich Wittgenstein über die Idee, Arbeitern durch Philosophie zu «helfen», wohl lustig gemacht. Im Oktober 1913 wird Wittgenstein jedoch nicht in England sein – die Vorlesung bleibt unvollendet.

Wieder einmal spricht Ludwig von Selbstmord.

«Es ist kein Tag meines Lebens vergangen, an dem ich nicht das eine oder andere Mal mit Selbstmordgedanken gespielt hätte.»

«Mir war noch nie nach Selbstmord zumute, und ich würde mein Leben, falls ich die Chance hätte, noch einmal genauso – genau so wie jetzt! – leben», antwortet David zu Ludwigs großer Überraschung:

«Ich täte das um nichts auf der Welt.»

Die Rückfahrt beginnt regnerisch und wieder mit lang heulendem Nebelhorn. Am 26. September 1913 bekommen sie auf dem Dampfer «eine Kabine mit zwei Kojen gemeinsam – zwar hatten wir versucht, zwei separate Kabinen zu bekommen, doch war das nicht möglich gewesen». Und David betont: «Wir gingen fast augenblicklich zu Bett.» Die Kabinenfrage wird nochmals zum Problem, als sie drei Tage später an Bord der wenig komfortablen norwegischen S. S. «Vega» gehen. «Das Schiff legte um etwa 1.15 ab. Gleich darauf hatten wir fürchterliche Scherereien: Wir konnten keine separaten Kabinen bekommen, da das Schiff voll besetzt war – und mußten mit einer Kabine mit zwei Kojen vorliebnehmen.» Die Überfahrt ist schön, aber für David «kolossal langweilig – denn es gab nichts zu tun».

Im Londoner Grand Hotel, wo es wieder zwei Einzelzimmer gibt, erhält Ludwig einen Brief aus Österreich mit der Nachricht, daß seine Schwester Margarethe und ihr Mann nach London ziehen werden. Das gibt Ludwig einen letzten Anstoß zum freiwilligen Exil. Er behauptet, die meisten seiner Familienmitglieder außer seinem Vater, der am 20. Januar 1913 an Krebs gestorben war, nicht ausstehen zu können. Eine in London wohnende Schwester fürchtet er als ständige Heimsuchung und kommt wieder auf die Idee zurück, daß er nur in der Einsamkeit sein Bestes geben kann. David hält das anfangs für absurd.

«In Cambridge kannst du ebenso gute Arbeit leisten und obendrein noch unterrichten.»

«Gute Forschung und kein Lehramt ist allemal besser, als unbedeutende Forschung betreiben und dabei noch lehren», behauptet Ludwig.

David sieht allmählich ein, die «große Schwierigkeit bei seiner Art von Arbeit besteht darin, daß sie für die Allgemeinheit kaum von Nutzen ist – wenn es ihm nicht gelingt, die Grundlagen der Logik klar herauszuarbeiten. Er hat bereits viele Hürden überwunden, doch eine Menge von Problemen sind noch ungelöst».

«Wenn ich einen so abstrakten Gegenstand nur teilweise erklären kann», meint Ludwig, «dann kann ich so weit gekommen sein, wie ich will – es hätte keine Überzeugungskraft. Das ganze Unternehmen und ich selbst wären dann zum Scheitern verurteilt. Letztlich besteht dann kein Unterschied mehr, ob jemand etwas wirklich Großes oder überhaupt nichts leistet.»

«Das Ganze ist ein wilder, kopfloser Plan – wenn da nur alles gutgeht», urteilt David.

In Birmingham werden zwei große Abschiedsfeste zur Pensionierung von Davids Vater und zum Umzug nach Oxford gefeiert. Am 7. Oktober 1913 notiert David Pinsent: «Um 5.30 macht sich Ludwig – allein – auf den Weg zur örtlichen Berlitz School – wir hatten nämlich die Erlaubnis erwirkt, daß er dort seine logischen Arbeiten für Russell jemandem (auf deutsch) in die Schreibmaschine diktieren kann.» Gegen 8.30 kommt Wittgenstein wieder zurück und ißt zu Abend, den ganzen Tag war er fröhlich und sehr guter Dinge.

Schon zehn Tage später will Ludwig wieder nach Norwegen zurück und bis zum folgenden Sommer dort bleiben. Seine Cambridger Freunde reagieren insgesamt verständnisvoll. Für Russell, von dem Ludwig fürchtete, er könne ihn für einen «verrückten Trottel» halten, ist es ein harter Schlag, er wird sehr besorgt und versucht wie David, Ludwig von seinem Plan abzuhalten.

«Dort ist es dunkel», hält ihm Russell vor.

«Ich hasse Tageslicht!» antwortet Ludwig.

«Es wird sehr einsam sein.»

«Ich prostituiere meinen Geist, wenn ich mit Intellektuellen rede.»

«Du bist geisteskrank!»

«Gott wird mich vor Gesundheit schützen.»

«Das wird Gott bestimmt tun!» denkt Russell und gibt auf.

14. Der wilde, kopflose Plan. Russell nimmt Ludwig das Versprechen ab, die bisherigen Ergebnisse in einem Typoskript niederzulegen. Russells Skepsis scheint der Anlaß eines gravierenden Streits zu sein, dessen Details jedoch nicht bekannt sind. Ludwig fällt der Abschied nicht leicht, und er versucht, alles schnell hinter sich zu bringen. «Es war traurig, von ihm Abschied nehmen zu müssen», schreibt David am 8. Oktober 1913, «aber wenn er im nächsten Sommer ... auf einen kurzen Besuch nach England kommt, dann können wir uns wiedersehen. Unsere Freundschaft war zwar chaotisch, aber trotzdem bin ich sehr dankbar dafür: Ich glaube, er auch. Im großen und ganzen habe ich unsere Ferien in Norwegen sehr genossen, er übrigens auch, wie ich weiß – denn er sagt, es waren für ihn die schönsten Ferien, die er je erlebt hat.» Eine Anmerkung stellt klar: «Ich bin sicher, er denkt über unsere Ferien in Norwegen anders als über die Ferien in Island – auch über mich denkt er anders als früher – und er hat es genossen, ‹soweit das möglich ist für zwei Menschen, die nichts weiter miteinander haben›.» Der letzte Gedanke im Tagebuch gilt der Rechnung: «Ludwig hat für uns beide bezahlt; die Kosten beliefen sich auf insgesamt etwa 80 Pfund.»

Die Freunde wissen nicht, daß dies ihr letztes Zusammensein ist.

Am 7. März 1914 trifft ein Brief von Ludwig ein, der inzwischen mit Verhandlungen über ein eigenes Haus in Norwegen beschäftigt ist, mit dem Vorschlag, wieder eine gemeinsame Reise, diesmal nach Andorra, zu machen. «Ich bin ziemlich unentschlossen», schreibt David ins Tagebuch, «ob ich annehmen soll oder nicht – ich werde das Ganze jedenfalls mit Vater und Mutter besprechen, bevor ich ihm definitiv zusage. Ich habe mir im letzten September, als ich so schwer mit ihm auskam, geschworen, nie wieder mit ihm allein in die Ferien zu fahren. Und sollte ich diesen Sommer wirklich mit ihm verreisen, hieße das, diesem Unternehmen meinen gesamten Urlaub zu opfern.» David muß auch die finanzielle Seite berücksichtigen, zu der Ludwig nichts gesagt hat. Schließlich kommt er zu einem Entschluß: «Im großen und ganzen werde ich seinen Vorschlag wohl annehmen: Jedenfalls würde ich ihn sehr gern wiedersehen.»

David arbeitet inzwischen über das Problem der Wahrheit, wofür er ein verblüffendes Ergebnis gefunden zu haben glaubt, das «zufällig auch das Problem der Typentheorie» löst. Ludwig hatte ihm einen Monat zuvor geschrieben, er habe die Typen nun bestimmt und darauf die gesamte Logik völlig neu aufgebaut, worüber er nun sein Buch schreibe – doch das allgemeine Problem der Wahrheit gehöre nicht eigentlich ins Gebiet der Logik. David ist sich über die Bedeutung seiner Forschungsergebnisse nicht sicher und plant, sie zusammen mit einer weiteren Untersuchung über die logische Natur der Wahrscheinlichkeit Russell zu schicken. Die Manuskripte sind nicht erhalten, und es ist nicht bekannt, ob sie Russell vorlagen.

Inzwischen sind Russell und Ludwig wieder miteinander versöhnt, und Ludwig verabschiedet sich herzlich:

«*Ich werde Dir so lange ich lebe von* GANZEM HERZEN *dankbar und zugetan sein, aber ich werde Dir nicht mehr schreiben und Du wirst mich auch nicht mehr sehen.* Jetzt wo ich mich mit Dir wieder versöhnt habe, will ich in *Frieden* von Dir scheiden, damit wir nicht irgend einmal wieder gegen einander gereizt werden und dann vielleicht in Feindschaft auseinander gehen.»

Vom fernen Norwegen aus möchte Wittgenstein seinen Bachelor of Arts machen und lädt Moore dorthin ein. Moore ahnt, daß es anstrengend wird. Wittgenstein holt den seekranken Philosophen am 26. März 1914 in Bergen ab und redet bis ein Uhr nachts auf ihn ein. Sie diskutieren – Moore: «*er* diskutierte» – streiten –, schließlich diktiert Wittgenstein eine Reihe von Sätzen, die seine Entdeckungen erklären sollen. Zurück in Cambridge, erkundigt sich Moore nach den Chancen für die Annahme eines *Logik* genannten Manuskripts, womit wahrscheinlich das Diktat gemeint ist. Aus formellen Gründen hat es keine Aussicht auf Erfolg. Als Moore Wittgenstein davon unterrichtet, schreibt dieser wütend zurück:

«Ihr Brief hat mich geärgert. *Als ich ‹Logik› schrieb, habe ich nicht die Studienordnung konsultiert*, und meine deshalb, es wäre nur recht und billig, wenn Sie mir auch meinen Abschluß gäben, ohne soviel darin nachzuschlagen! Was Vorwort und Anmerkungen betrifft, so meine ich, daß meine Prüfer leicht einsehen werden, wieviel ich (...) geklaut habe. – Wenn ich's nicht wert bin, daß Sie *nicht einmal in dummen Einzelheiten* für mich eine Ausnahme machen, dann kann ich genausogut direkt zur Hölle fahren; und *wenn* ich es doch wert bin, und Sie tun's dann nicht – bei Gott –, dann können Sie hinfahren.

Die ganze Angelegenheit ist zu dumm und zu gemein, um weiter darüber zu schreiben, also –

L.W.»

Moore war von diesem Schreiben wie erschlagen. «Beim Mittagessen kam Wittgensteins Brief. Mir wird schlecht, und ich kann nicht aufhören daran zu denken. Beim Spaziergang zunächst ganz elend.» Einen Entschuldigungsbrief zwei Monate später beantwortet er nicht, und es sollten 15 Jahre bis zur Versöhnung vergehen.

15. Auslassungen. In seinem Tagebuch erscheint uns David als ein fairer Kamerad, Sportler, scharf denkender Mathematiker, gut argumentierender Jurist, die Inkarnation englischer Tugenden wie Common Sense, Fairplay, Toleranz der Verrücktheiten anderer und der geduldigen mittelständischen Erwartung ehelicher Pflichten, wenn es einmal soweit ist. Wittgensteins Tiraden gegen das Frauenwahlrecht beantwortet er mit einer biederen Überlegung: «Doch was soll man denn heutzutage, wo Heiraten bis zum Alter von etwa 30 nicht möglich ist, weil bis dahin niemand genug verdient hat, wo außereheliche Partnerschaften verpönt sind, denn sonst machen, wenn nicht ein bißchen flirten?» notiert er kurz vor seinem 22. Geburtstag.

Sein Tagebuchstil ähnelt dem in *Queen Victoria* von Lytton Strachey zitierten Backfischtagebuch der Königin:

«Es war ein *erfreulicher* Ausritt. Wir galoppierten ziemlich oft. (...) Wir kamen um $^1/_4$ nach 1 nach Hause. (...) Um 20 vor 7 gingen wir in die Oper. (...) Rubini trat auf und sang eine Arie aus *Anna Boulena wirklich wunderbar*. Wir kamen um $^1/_2$ 12 nach Hause.»

David am 28. November 1912:

«Um 2.0 ritt ich mit Wittgenstein in die Gegend von Clayhithe hinaus, den Fluß entlang und zurück über die Ely Road. Es fror uns sehr an den Händen, sonst aber war es erfreulich. Kamen um 4.0 zurück. Um 4.30 nahm ich den Tee *chez* Gilson: Dort war ein Mann, der mich kannte, obwohl mir sein Name nicht geläufig ist! Ging um 6.0 wieder. Später schrieb ich diesen Eintrag.»

Spiegelt dieser buchhalterische Stil wirklich den «ganzen» David wider? Man gewinnt den Eindruck, das Tagebuch könnte auch für Dritte geschrieben sein. Gab es vielleicht Bedingungen seitens der Familie, ohne deren Rat David auf keinen Fall mit Ludwig auf Reisen gegangen wäre? Die Pinsents machten lange Familienferien mit Reisen durch Deutschland, Frankreich und die Schweiz, wo sie auch die letzten gemeinsamen Ferien im Winter 1913/14 verbrachten, um Skifahren zu lernen. Konnte Wittgensteins Homosexualität, von der Russell und sicher auch John Maynard Keynes wußten, der Familie Pinsent verborgen bleiben, oder ist es nicht eher wahrscheinlich, daß man sich auf Davids «Anständigkeit», vielleicht mit kleineren Auflagen, verließ?

David betont immer wieder, daß man getrennte Schlafzimmer habe. Bemerkenswert ist, daß der Satz «soweit das möglich ist für zwei Menschen, die nichts weiter miteinander haben» zweimal als Anmerkung zu den Tageseinträgen der zweiten, problematischeren Norwegenreise am 2. September und 8. Oktober 1913 – sie liegen also über einen Monat auseinander – nachträglich eingefügt wurde. Nach der Norwegenreise endet im Sommer 1914 auch Davids reguläres Tagebuch, das er im Herbst des gleichen Jahres nach Ausbruch des Krieges nur noch durch zwei längere zusammenfassende Einträge ergänzt.

Zusätzlich geben eine Handvoll unterdrückter Stellen des Tagebuchs zu denken, die im veröffentlichten Text durch «(...)» gekennzeichnet sind. Nachlaßverwalter Georg Henrik von Wright spricht als Herausgeber in seinem Vorwort von einigen wenigen Auslassungen, die als «nicht relevant für die Freundschaft Pinsents mit Wittgenstein» weggelassen wurden – ein merkwürdiges Argument. Platzmangel dürfte wegen der Kürze der meisten Berichte Pinsents kaum die Ursache gewesen sein. Handelt es sich dabei vielleicht um Bemerkungen über Persönlichkeiten aus dem Umkreis Davids, die geschont werden sollen? Davids Schwester Hester, später Lady Adrian, zeigt 1951 nach Wittgensteins Tod einigen seiner Freunde *Auszüge* – nicht etwa Davids gesamtes Tagebuch. Oder betreffen die Auslassungen David selbst? Die Veröffentlichung der Tagebücher wird immer wieder aufgeschoben aus Gründen, die von Wright, der von Anfang an «sehr angetan von der Frische und Wahrhaftigkeit, die sie ausstrahlten» war, nicht erläutert. Erst 1989 erscheint die englische Ausgabe, 1994 die deutsche.

Wie dem auch sei – das Argument, Pinsents *nicht* Wittgenstein betreffenden Notizen seien nicht relevant, impliziert ziemlich unhöflich, David Pinsent, der eine so wichtige Rolle bei der Entstehung des ihm gewidmeten *Tractatus* gespielt hat, sei *keine* «interessante» Persönlichkeit. Selbst wer den kleinen Mathematiker und Juristen an der Seite des überlebensgroßen Philosophen übersehen möchte, wird aber zugeben, daß zumindest für die Wittgenstein-Biographik alles, was Licht auf den Charakter seines Freundes wirft, «relevant» sein könnte. Freunde erhellen sich gegenseitig durch ihre Freundschaft. Das weiß natürlich auch von Wright, sonst würde er nicht «irrelevante» Mitteilungen wie «beim Frühstück erhielt ich eine Postkarte von Mutter und später am Tag einen Brief von ihr – plus zwei nach Lordswood adressierte Briefe – einen von Winn und einen von Estelle King, bezüglich unseres nächsten Treffens im ‹Club›» abdrucken, denn der Dramenleseclub in Birmingham hat nun wirklich nichts mit Wittgenstein zu tun. Und ein Hund am Strand von Öystese biß *David* und nicht den relevanteren Ludwig bei einem einsamen Spaziergang vor dem Frühstück.

In den Briefen lernt man einen wesentlich persönlicheren und lustigeren David kennen. Manchmal benutzt er einen Privatjargon mit Ludwig, dessen Bedeutung von Wright nicht ganz aufklären konnte. Zu Ludwigs geplantem Hausbau in Norwegen schreibt er ihm am 7. Juli 1914:

> «Ich schlage vor, Du bringst an der Tür Deines Hauses ein Messingschild an, auf dem
> ‹G'LOG GmbH
> EINGETRAGENER FIRMENSITZ›   geschrieben steht.
> Es ist nicht viel dazu zu sagen – außer, daß G'log ziemlich hoch oben ist.
> Stets Dein
> David H. G'Pymph»

Ist «G'Log» vielleicht eine «general», generelle, allgemeine «Logikfirma» und «G'Pymph» eine Abkürzung für den «allgemeinen», «ganzen» David mit «Pymph» als Verballhornung von «Pinsent» nebst einem Anklang an das deutsche «Pimpf»? David nennt auch das Büro, in dem er arbeitet, «G'off» (von «office»?) und unterzeichnet auch als «Stets Dein – G'Dave».

Zum Typoskript eines Briefs Davids, der von der Schweizer Vermittlerin ins Deutsche übersetzt wurde, teilt von Wright mit: «Auf den Blättern stehen einige Notizen von Wittgensteins Hand – jedoch ohne Zusammenhang mit dem Inhalt des Briefes.» Ist das so sicher, daß wir es nicht erfahren müssen? Und was bedeutet das Diagramm in Freges Begriffsschrift am unteren Rand von Davids Brief an Ludwig vom 14. September 1916? Ist es ein ähnlicher «logischer Scherz» wie Ludwigs Unterschrift im Brief an Russell, Seite 95, mit dem Sinn «es gibt keinen Ludwig Wittgenstein»?

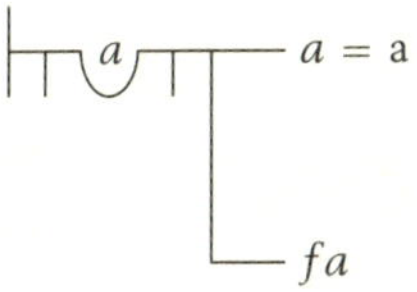

Davids Diagramm setzt sich aus den Formen des Fregeschen Existenzquantors und einer Implikation zusammen, würde in moderner Notation

$$\exists \mathfrak{a}.f(\mathfrak{a}) \rightarrow \mathfrak{a} = a$$

lauten und bedeutet «es gibt ein Ding mit der Eigenschaft *f*, und jedes Ding, das diese Eigenschaft hat, ist *a*». Kürzer: «Es gibt nur ein einziges Ding mit der Eigenschaft *f*». Sollte man dieses Beispiel für Freges «conträre», eigentlich «subconträre», logische Beziehung als «Du bist einzig auf der Welt» interpretieren? Davids Kriegsbriefe scheinen jedenfalls, verglichen mit dem Matter-Of-Fact-Stil des Tagebuchs, viel herzlicher. Von Ludwigs Briefen an David ist ein kurzes Entwurfsfragment vom 10. 2. 1915 erhalten:

«Mein *lieber* Davy! Heute habe ich Deinen Brief vom 27. Januar erhalten. Ich habe einen Wendepunkt erreicht. Ich fange an, wieder mehr zu arbeiten.»

Ludwig Wittgenstein um 1910

Sich verlieren

> Oft fühle ich daß etwas in mir ist wie ein Klumpen der wenn er schmelzen würde mich weinen ließe oder ich fände dann die richtigen Worte (oder vielleicht sogar eine Melodie). Aber dieses Etwas (ist es das Herz?) fühlt sich bei mir an wie Leder & kann nicht schmelzen. Oder ist es daß ich nur zu feig bin die Temperatur genügend steigen zu lassen?
> Es gibt Menschen die zu schwach zum Brechen sind. Zu denen gehöre auch ich.
>
> Ludwig Wittgenstein 26. 4. 1930

16. Das August-Erlebnis. Der Sommer 1914 war traumhaft schön. «Denn selten habe ich einen erlebt, der üppiger, schöner und, fast möchte ich sagen, sommerlicher gewesen», erinnert sich der Dichter Stefan Zweig. «Seidenblau der Himmel durch Tage und Tage, weich und doch nicht schwül die Luft, duftig und warm die Wiesen, dunkel und füllig die Wälder mit ihrem jungen Grün; heute noch, wenn ich das Wort Sommer ausspreche, muß ich unwillkürlich an jene strahlenden Julitage denken ...» An einem heißen Tag – es dunkelt bereits – hält ein Taxi vor dem offenen Tor eines Herrschaftssitzes im Wiener Neuwaldegger Park. Während die Umrisse der Gebäude schon verschwimmen, erkennt Ludwig von Ficker, der Herausgeber der Zeitschrift «Der Brenner», auf der Empfangsterrasse die Gestalt eines jungen Mannes, die auf ihn einsam wie eine dostojewskische Romanfigur wirkt. Wittgenstein, in Wien allein, während sich seine Geschwister auf dem Familiengut Hochreith bei Hohenberg in Niederösterreich aufhalten, hatte Ficker angeschrieben.

«Sehr geehrter Herr! Verzeihen Sie, daß ich Sie mit einer

großen Bitte belästige. Ich möchte Ihnen eine Summe von 100000 Kronen überweisen und Sie bitten, diese an unbemittelte österreichische Künstler nach Ihrem Gutdünken zu verteilen.»

Vor anderthalb Jahren war Wittgensteins Vater gestorben und hatte ihm ein großes Vermögen vererbt. In solchen Fällen «sei es Sitte, eine Summe für wohltätige Zwecke herzugeben». Ludwig folgt der Familientradition, nimmt allerdings, anders als sein Vater, keinen Einfluß auf die Auswahl der zu beschenkenden Künstler und verläßt sich auf Ficker, der eine Liste mit siebzehn Namen erstellt hat, darunter Rainer Maria Rilke, Oskar Kokoschka, Adolf Loos, Theodor Haecker, Theodor Däubler und Georg Trakl. Fast alle sind Mitarbeiter des «Brenner», einer Avantgarde-Zeitschrift, die zwischen 1910 und 1954 meist vierzehntägig erscheint und in den Augen von Karl Kraus die einzige ehrliche Revue Österreichs ist. Sie veröffentlicht Artikel zur geistig-moralischen Zeitsituation und schreibt über Autoren wie Dostojewski und Kierkegaard, die Wittgenstein besonders interessieren.

Die gespendete Summe entspricht etwa einem Drittel seines Jahreseinkommens. Er will anonym bleiben – auf die Beschenkten wirkt die geheimnisvolle Schenkung wie ein Wunder. Kokoschka erreicht, worum er sich jahrelang vergeblich bemüht hatte: «Ich kann arbeiten, und meine Kräfte werden nicht im Existenzkampf vergeudet.» Die meisten Dankesbriefe, die Ficker Wittgenstein später als Belege schickt, berühren den Spender jedoch eher unangenehm, mit Ausnahme eines Briefs von Rilke, der Wittgenstein rührt und erfreut. «Die anderen Briefe hätte ich als Belege nicht gebraucht; als Dank waren sie mir – offen gestanden – größtenteils höchst unsympathisch. Ein gewisser unedler *fast* schwindelhafter Ton – etc.» Nachdem Wittgenstein auch noch den Rest seines Vermögens an seine Schwestern verschenkt und Rilke davon hört, schreibt er nach dem Krieg an Ludwig von Ficker:

«Die Handlungsweise des (...) unbekannten Helfers und Freundes ist mir umso ergreifender, als sie, über soviel Wirrnis und Unterbrechnung hinüber, als stille, reine Vollendung dessen erscheint, was mit jenen großmüthigen Entschlüssen des Jahres Vierzehn begonnen war. Wieviele Menschen haben wir aus leichteren Bahnen geworfen gesehen, wieviele erschüttert in ihren innersten Absichten –; dieser ist von allem Anfang an in seinem schweren Weg eingesetzt worden –, man kann es nicht ohne Ehrfürchtigkeit einsehen.»

Trakl, der als einziger den Namen erfährt, kommt nicht mehr persönlich in den Genuß des Geldes. Als er in Innsbruck mit Ficker etwas davon auf der Bank abheben will, packt ihn eine solche Angst, daß er schweißgebadet wegläuft. Das Geld sichert jedoch die Zukunft seiner schwer suchtkranken Schwester Grete, die er mit mehr als nur Geschwisterliebe liebt.

Am 28. Juli erklärt Österreich Serbien den Krieg. Großbritannien erklärt am 4. August Deutschland, vier Tage später Österreich den Krieg. Der Erste Weltkrieg beginnt. Weder David noch Ludwig stellen in Frage, was die jeweilige Nation als «patriotische Pflicht» definiert. Von heute auf morgen befinden sie sich in entgegengesetzten, verfeindeten Lagern. Am 7. August – Generalmajor Erich von Ludendorff besetzt gerade Lüttich – läßt sich Wittgenstein als Freiwilliger mustern. Er unternimmt keinen Versuch, eine in seinem Fall mögliche Offizierslaufbahn für freiwillige Einjährige (Offiziersanwärter mit Abitur) einzuschlagen, und wird mit dem niedrigsten Dienstgrad als einfacher Kanonier dem zweiten Festungs-Artillerie-Regiment in Krakau zugeteilt. Vielleicht befürchtet er, wie bei früheren Musterungen wegen eines doppelten Leistenbruchs als untauglich abgewiesen zu werden, jedenfalls macht es ihm später Spaß, wenn die Offizierskameraden sein Recht auf Behandlung als Einjähriger entdecken.

Die Behörden in Wien sind von einer «unglaublichen

Freundlichkeit. Leute, die täglich von Tausenden um Rat gefragt werden, gaben freundschaftliche und ausführliche Antworten». Ludwig fühlt sich sehr ermutigt und an die angenehme englische Art erinnert. Zwei Tage später trifft er in Krakau ein, und sein erster Einsatz bringt ihn auf das Wachschiff «Goplana», das auf der Weichsel patrouilliert.

Seine Kriegstagebücher, von denen sich drei aus der Zeit vom 9. August bis 30. Oktober 1914, 30. Oktober 1914 bis 22. Juni 1915 und 28. März bis 19. August 1916 erhalten haben, sind durch das schroffe Nebeneinander von intimsten Bekenntnissen und abstrakten, logisch-philosophischen Überlegungen ein einmaliges und bewegendes Dokument. Ihre geheimschriftlichen Teile werden erst 1985 nach großen Schwierigkeiten mit Wittgensteins Nachlaßverwaltern von Wilhelm Baum vollständig und mustergültig veröffentlicht. Während die rechten Seiten, auf denen sich das Heranreifen des *Tractatus* verfolgen läßt, in Band 1 der *Schriften* vorher veröffentlicht wurden, blieben die persönlichen Notizen auf den linken selbst auf wissenschaftlichen Mikroverfilmungen abgedeckt. Die Geheimschrift ist einfach zu entziffern, da sie nur die Position der Buchstaben im Alphabet vertauscht (a = z, b = y usw.). David hat Schwierigkeiten mit dem Soldatwerden. Nach einem Jahr Tätigkeit als Rechtsanwaltsgehilfe in Birmingham ist er bekümmert, daß man ihn vom Kriegsdienst zurückgestellt hat. «Ich habe versucht, hier zum Heer zu gehen», schreibt er bedauernd von Glenfield Foxcombe Hill bei Oxford an Ludwig, nachdem er von dessen Freiwilligenmeldung gehört hatte, «doch genüge ich den medizinischen Anforderungen, die an einen einfachen Soldaten gestellt werden, nicht (ich bin zu dünn), und als Offizier hat man mich nicht genommen. Deshalb bin ich weiterhin Zivilist, der Jura studiert.» Er findet es großartig, daß Ludwig sich freiwillig gemeldet hat, «aber schrecklich tragisch, daß so etwas überhaupt nötig ist». Zunächst geht er nach London zu einem Onkel, der Richter am Obersten Gerichtshof ist.

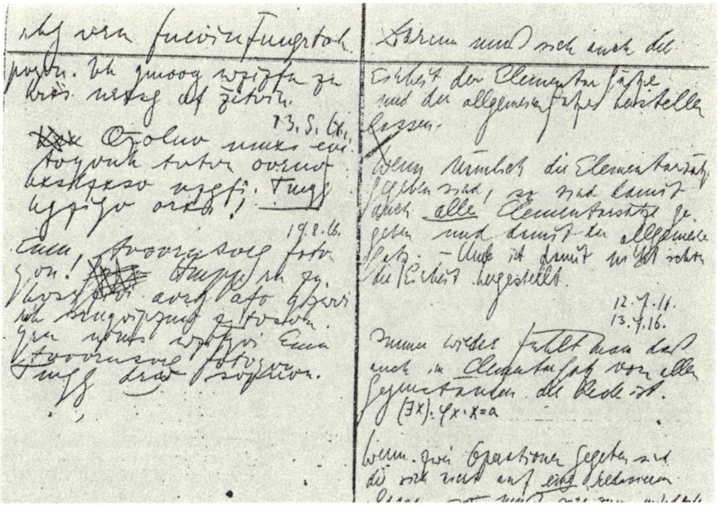

Nebeneinanderliegende Seiten aus Wittgensteins Kriegstagebüchern: links die geheimschriftlichen persönlichen Bemerkungen, rechts Notizen zum entstehenden *Tractatus*

Für Ludwig ist die Teilnahme am Ersten Weltkrieg nicht nur eine Selbstverständlichkeit, sondern eine hochwillkommene Gelegenheit, sich zu prüfen. Wäre der Krieg nicht gekommen, behauptet er später, hätte er mit eigener Hand «den Tod gesucht». Die ersten Eindrücke am 9. August in Krakau sind durchaus positiv: «Werde ich jetzt arbeiten können?? Bin gespannt auf mein kommendes Leben!» Einen Tag später, bei der Einkleidung als Rekrut, stellt er aber fest: «Wenig Hoffnung, meine technischen Kenntnisse verwerten zu können. Brauche *sehr* viel gute Laune, um mich hier zurechtzufinden.» Er hat das Gefühl, als befinde er sich in einem jener Träume, in dem man unsinnigerweise wieder zur Schule geht. «Mit fast ironischem Lächeln» verrichtet er die niedrigsten Dienste und kommt nicht zur eigenen Arbeit.

«Dies ist eine Feuerprobe des Charakters eben darum, weil so viel Kraft dazu gehört, die gute Stimmung + Energie nicht zu verlieren.»

Drückende Augusthitze herrscht, das Essen ist ungenießbar, und nächtliches Ungeziefer macht sich so unangenehm bemerkbar, daß er außerhalb der Kaserne schlafen möchte. Er leidet unter «starkem Katarrh» sowie Unwohlsein und ist «manchmal ein wenig deprimiert». Sehnsucht nach David überfällt ihn. «Sehne mich schon nach einem Brief von ihm, um das Gefühl des Kontaktes mit meinen früheren Zeiten nicht zu verlieren.» Am 24. August – dem Tag, den David vorgeschlagen hatte, um eine dritte gemeinsame Reise vom Londoner Grand Hotel aus zu starten – sitzt die «Goplana» seit Tagen auf einer Sandbank fest.

«Arbeite oft mit vielen Unterbrechungen und bisher ganz erfolglos. Kann noch immer auf nichts Festes kommen. Alles geht in Dunst auf. Nur zu!!!»

Derselbe Tag klingt in Innsbruck in einer schönen, stillen, hellen Mondnacht aus, und Georg Trakl zieht als Medikamentenakzessist mit einer Sanitätskolonne ins Feld. Ficker hatte den starken Trinker und Drogenesser, der im Suff niemals torkelte oder krakeelte, «obschon sich seine sonst so milde und wie um eine unsägliche Verstummtheit kreisende Art des Sprechens in vorgeschrittener Nachtstunde beim Wein oft seltsam verhärten und ins Funkelnd-Böse zuspitzen konnte», bei sich aufgenommen und begleitet ihn an den Hauptbahnhof.

Trakl wirkt heiter. Auch er nimmt am Krieg aus einer Mischung von konventionellen und persönlichen Gründen teil. Wie Wittgenstein stürzt er sich freiwillig in diesen ersten kollektiven Selbstmordversuch Europas. Eine rote Nelke an seiner Mütze nickt gespenstisch seinen Bewegungen nach, als er in den Viehwaggon klettert, der ihn an die Front bringen soll. Er drückt Ficker ein Blatt Papier in die Hand, «wie zur persönlichen Orientierung»:

«Gefühl in den Augenblicken totenähnlichen Seins: Alle Menschen sind der Liebe wert. Erwachend fühlst du die Bitternis der Welt; darin ist all deine ungelöste Schuld; dein Gesicht ist eine unvollkommene Sühne.»

Ficker sieht ihn fragend an.

«Aber freilich, kein Gedicht kann Sühne sein für eine Schuld», flüstert Trakl.

Der Krieg, von Trakl und Wittgenstein anfangs als persönlichen Ausweg betrachtet, erweist sich als die existenzielle Bedrohung, die er eigentlich ist. Die Kameraden verhöhnen Wittgenstein. «25. 8. 14. Es ist nicht ein einziger anständiger Kerl in der ganzen Mannschaft.» – «Werde ich je wieder arbeiten?!? Trüber Stimmung. Keine Nachricht von David. Bin ganz verlassen. Denke an Selbstmord.» Er schreibt David.

Rilke ist zur gleichen Zeit höchst bekümmert, sich nicht nützlich machen zu können. «Allmählich fang ich an, mein Zurückgebliebensein hinter so viel Aufbruch verwirrt und kränkend zu empfinden», schreibt er am 29. August an eine Bekannte. «Die ersten Tage trieb mein Geist in der großen allgemeinen Strömung, konnte auf seine Art mit.» Inzwischen fühlt er sich jedoch «als unsäglich Einzelner» und beneidet Glückliche wie Wittgenstein, «die drinnen sind, die's hinreißt, die's übertönt». Er verwandelt seinen Kummer in eine Art von Lyrik, die man ihm vorher nicht zugetraut hätte: Kriegslyrik. «Zum ersten Mal seh ich dich aufstehn, / hörengesagter fernster unglaublicher Kriegs-Gott.» Und: «Dich will ich rühmen, Fahne. Immer von Kind auf / sah ich ahnend dir nach, grüßte dich ahnend.» Gleichzeitig würde er diesen «ungeheuerlichen August» am liebsten im Garten seiner Freundin Lou Andreas-Salomé verbringen.

Die Anzahl der im August 1914 spontan verfaßten Kriegsgedichte anerkannter Schriftsteller und kriegsbegeisterter Laien wird auf 1,5 Millionen geschätzt. Militärhistoriker bezeichnen die fatale Weise, in der sich subjektive Überzeugungen, Wünsche und Sehnsüchte mit der gefährlichen politischen Dynamik der imperialistischen Epoche verzahnen, als das «eigentlich Erschreckende» am Ausbruch des Ersten Weltkriegs. Stefan Zweig ist einer der wenigen, deren persönliches «August-Erlebnis» kritischer Natur ist. Entschlossen, dieser gefährlichen Massenpsychose auszuweichen, zieht er sich aufs Land zurück, um mitten im Krieg einen «persönlichen Krieg zu beginnen: den Kampf gegen den Verrat der Vernunft an die aktuelle Massenleidenschaft».

Wittgenstein liegt ein solcher Gebrauch der Logik völlig fern, für ihn gibt es bis zum Ende des Krieges keinen Grund, sentimental zu werden. Großzügiger noch als die Künstler, beschenkt er um Weihnachten 1916 den Staat mit einer Million Kronen zum Bau eines 30-cm-Mörsers. Hermine kommt das später übertrieben und lächerlich vor – es erinnert sie an den Witz vom jüdischen Soldaten, der sagt: «Ich kaufe mir eine Kanone und mache mich selbständig.»

17. Die rotglühende Welle. Unter dem Druck des August-Erlebnisses wird der größere Teil der europäischen Intellektuellen zu Nationalisten. Der Dichter Richard Dehmel, dem es noch mit 51 Jahren gelingt, als Freiwilliger gemustert zu werden, faßt die deutsche Sicht in einem Brief an seine Kinder schlagend zusammen: «Die französische Nation hat sich überlebt; beklagenswert, aber wohl kaum zu ändern, wenn sie sich nicht noch rechtzeitig durch einen Blutbund mit Deutschland auffrischt. Was sie für die humane Kultur geleistet hat, das haben wir in uns aufgenommen; vielleicht noch nicht vollkommen verarbeitet, aber immerhin in dem Grade, daß es fruchtbar in uns fortwachsen kann.

Ähnlich scheint's mit Italien zu stehen, nur daß in Oberitalien viel deutsches Blut steckt, das die romanische Dekadenz noch eine Zeitlang hinhalten wird.» Der «Barbarenstaat» Rußland, «ein Monstrum aus primitiven Instinkten und importierten Raffinements», kommt für höchste Gesittungsfragen trotz Dostojewski und Tolstoi nicht in Betracht, und Japan und China, wie überhaupt die Asiaten, seien den Europäern zu wesensfremd.

Die englische Kultur entpuppt sich laut Dehmel als «Dandykultur», als ungeistige Nerven- und Muskeldressur, als Sport, Komfort und Tipptoppdreß, als gute Haltung in allen Lebenslagen. «Fischblütig ist dieses Inselvolk, umsichtig, ruhig, gewandt, verschwiegen und von unersättlicher Beutegier; alle warmblütigen Tugenden läßt es unter gleißnerischem Anstand verkümmern.» Rücksichtslose Gewinnsucht sei die Triebfeder der englischen Politik, deren brutale Merkantilität die ganze Welt mit dem Amerikanismus angesteckt habe. «Einzig wir Deutschen waren Idealisten genug, uns durch Shakespeare und Byron erobern zu lassen; aber was für Zyniker sind sogar diese beiden, wenn man sie auf die Nieren prüft!» Was Dehmel gegen den «englischen Vampyrismus, der allen Völkern das Mark aus den Knochen saugt», für die Deutschen reklamiert, könnte jeder der Streithähne im Ersten Weltkrieg gesagt haben:

«Wir *sind* humaner als die andern Nationen; wir *haben* mehr Zucht und Sitte im Leibe, mehr Geist und Gemüt und Phantasie, daher auch mehr Mitgefühl mit fremder Art. Also haben wir auch ein adliges Recht auf die Weltherrschaft unseres Geistes; was nichts zu tun hat mit gewaltsamen Vorrechten, sondern im Gegenteil einzig und allein mit der Gleichberechtigung unsers guten Willens.»

Wie die überwältigende Geistigkeit der Deutschen in der Praxis aussieht, erlebt Dehmel nach der völkerrechtswidrigen Vergewaltigung Belgiens an der französischen Front.

Die Wiese vor einem Wäldchen ist von französischen Gefallenen bedeckt; Dehmel zählt etwa fünfzig durchs Fernglas. Ein freiwilliger Student schießt noch zweimal auf einen Mann, den er schon vorher schwer getroffen hat.

«Warum wollen Sie den Wehrlosen durchaus kaltmachen?» fragt Dehmel.

«Ich war bloß wütend, weil mir wegen dem Schwein die Zigarette kaputtgegangen ist», antwortet der Student.

«Ich mußte meine ganze grauhaarige Selbstüberwindungskraft aufbieten, um ihm nicht ins Gesicht zu schlagen», erzählt Dehmel weiter, «aber gleich nachher ertappte ich mich auf einer ähnlichen Viecherei. Bei einem Volltreffer unsrer Granaten sah ich drüben eine große Tanne mit langsamer Neigung zu Boden sinken und zugleich ein menschliches Bein mit wirbelnder Geschwindigkeit in die Luft hochfliegen; dieser Kontrast war so grotesk, daß ich unwillkürlich laut auflachte.»

In England sorgt der Schriftsteller H. G. Wells für den allgemein akklamierten Slogan «der Krieg, der den Krieg beenden wird», und Russell kann es nicht fassen, daß sich sogar Whiteheads Familie davon anstecken läßt. Er fühle sich ganz unglücklich, in einer so wichtigen Frage nicht mit seinem Freund übereinstimmen zu können, schreibt Whitehead, aber Russell müsse nicht vergessen, «daß ein siegreiches Deutschland nicht das Deutschland Goethes und Helmholtz' sein würde», sondern das Deutschland des Kaisers und Treitschkes. Russell stellt verbittert fest: «Das beschützte sichere Plätzchen, an dem wir versuchten, durch Denken und

Vernunft zu leben, ist von einer rotglühenden Welle von Haß weggespült worden.» Die völkischen Parolen infizieren aber auf seltsame Weise auch Russell. Vor dem Einmarsch in Belgien war Deutschland für ihn «selbstlos und durch die Devise ‹Ehre gegen Eigennutz› geführt», Serbien dagegen «sehr böse, Österreich noch viel mehr» und Rußland bigott und emotional.

Russell teilt Kriege in vier Kategorien ein: Kolonisations-, Grundsatz-, Selbstverteidigungs- und Prestigekriege. Als generelles ethisches Prinzip solle gelten, daß nur ein Krieg, der die Zivilisation vorwärtsbringt, zu rechtfertigen sei – etwa die anglo-amerikanischen Bürgerkriege. Für einen Krieg zwischen zivilisierten Nationen wie England und Deutschland gäbe es allerdings keinerlei Rechtfertigung. Sein Verständnis dafür, daß Deutschland gegenüber Rußland einen höheren Kulturstandard verteidigt, veranlaßt ihn außerdem, Redeblumen der deutschen Kriegspropaganda wie «barbarische Horden» und «völkische Unvermeidbarkeit» zu übernehmen, und Ray Monk stellt fest, daß Russells Position «eine überraschend hohe Menge Blutvergießen» zuläßt – im Ersten Weltkrieg hat man keinen Sinn für Ostermärsche.

Russells spätere Ideen zur Widerstandslosigkeit reizten Wittgenstein. Paul Engelmann erzählt in einer Anekdote, wie Wittgenstein in den zwanziger Jahren auf Russells Idee, einen «Weltbund für Frieden und Freiheit» zu gründen oder einem solchen beizutreten, mit Beschimpfungen reagiert habe.

«Na ja, *Du* würdest eher einen Weltbund für Krieg und Knechtschaft gründen», soll Russell gekontert haben.

«Eher noch! Eher noch!»

Auch Wittgenstein macht sich auf seinem Kanonenboot Sorgen um die verschiedenen Rassen. «Der Gedanke, daß unsere Rasse geschlagen werden soll, deprimiert mich furchtbar, denn ich bin ganz und gar deutsch! Werden plötzlich durch Gewehrfeuer von den Russen ...» – mitten im Satz ist ein russischer Flieger aufgetaucht.

«Es ist schon merkwürdig», schreibt Russell am 12. November an Ottoline, mit der er sich durch den gemeinsamen Halbpazifismus neu verbunden spürt, «daß von allen den Menschen, die in den Krieg mußten, der, für den ich am meisten empfinde, Wittgenstein, ein ‹Feind› sein muß.»

An diesem Tag trägt Wittgenstein in Krakau den Bericht über eine doppelte Belagerung in sein Tagebuch ein.

«Nur nicht sich selbst verlieren!!! Und arbeite nicht zum Zeitvertreib, sondern fromm, um zu leben! Tue keinem Unrecht! – – – Es wird von einer 6–7monatigen Belagerung gesprochen. Alle Geschäfte sind geschlossen und öffnen nur auf ganz kurze Zeit. Je ernster die Lage wird, desto roher werden die Unteroffiziere. Denn sie fühlen, daß sie jetzt ungestraft ihre ganze Gemeinheit entladen können, da jetzt die Offiziere den Kopf verlieren und im guten Sinn keine Kontrolle mehr ausüben. Jedes Wort, das man jetzt hört, ist eine Grobheit. Denn die Anständigkeit lohnt sich auf keine Weise mehr, und die Leute geben auch das bißchen preis, was sie etwa noch besitzen. Es ist alles tief traurig. Nachmittags in der Stadt. Ziemlich viel gearbeitet – *aber ohne rechte Klarheit des Sehens!* Ob ich noch weiter werde arbeiten können?(!) Ob der Vorhang schon fällt?? Es wäre merkwürdig, da ich inmitten eines Problems stecke, inmitten einer Belagerung.»

18. Augenblicke totenähnlichen Seins. Der Medikamentenakzessist lehnt mit vor Entsetzen weit aufgerissenen Augen an der Bretterwand einer Scheune. Die Militärkappe ist ihm aus der Hand in den Staub gefallen. Die Scheune steht in der Nähe des Hauptplatzes eines Dorfs bei Lemberg. Um die Hauptstadt des österreichischen Kronlandes Galizien im Einflußbereich von Rußland und Rumänien tobt zwischen dem 4. und 11. September 1914 ein schwerer Kampf. Im Innern des Gebäudes liegen neunzig Schwerverwundete ohne ärztliche Betreuung, und ein Mann allein, kein Arzt, soll für sie sorgen.

Wittgenstein kommt zu spät nach Krakau – Georg Trakl starb drei Tage zuvor

«Was kann ich tun? Wie soll ich helfen? Es ist unerträglich», keucht er.

Ein Kamerad bemerkt seinen Zustand und will ihn aufmuntern.

«Rawski-Conroy», stellt er sich vor.

«Trakl», murmelt der andere undeutlich, bleibt unansprechbar, wie gelähmt.

Hilf- und machtlos hört Georg Trakl seit Tagen das Stöhnen der Halbtoten und ihre Bitten um Erlösung von diesem Leben. Kaum hörbar in dem Schreien eine plötzliche, schwache Detonation: Ein «Blasenschuß» hat sich eine Kugel durch den Kopf gejagt, und blutige Gehirnpartikel spritzen an die Wand. Trakl wird schwarz vor Augen, er versucht, sich draußen zu beruhigen. Aber im Freien stürmen neue Bilder des Grauens auf ihn ein. Auf dem Platz, der verwirrend belebt und dann wieder wie leergefeigt scheint, steht eine unheimliche Gruppe regungsloser Bäume. An jedem baumelt ein Mensch, der letzte hatte sich die Schlinge selbst um den Hals legen müssen: Ruthenen, die als «Spione» oder «Russophile» hingerichtet wurden – ein kaum bemerkenswerter Zwischenfall im sogenannten «Völkerringen», als die Österreicher unter hohen Verlusten von den Russen geschlagen werden. Selbst im tieftraurigen Gedicht, das den Ortsnamen verewigt, schimmern die Topoi des Kriegs durch.

Grodek
Am Abend tönen die herbstlichen Wälder
Von tödlichen Waffen, die goldnen Ebenen
Und blauen Seen, darüber die Sonne
Düsterer hinrollt; umfängt die Nacht
Sterbende Krieger, die wilde Klage
Ihrer zerbrochenen Münder.
Doch stille sammelt im Weidengrund
Rotes Gewölk, darin ein zürnender Gott wohnt
Das vergoßne Blut sich, mondne Kühle;

Alle Straßen münden in schwarze Verwesung.
Unter goldnem Gezweig der Nacht und Sternen
Es schwankt der Schwester Schatten durch den
schweigenden Hain,
Zu grüßen die Geister der Helden, die blutenden
Häupter;
Und leise tönen im Rohr die dunklen Flöten des
Herbstes.
O stolzere Trauer! ihr ehernen Altäre
Die heiße Flamme des Geistes nährt heute ein
gewaltiger Schmerz,
Die ungebornen Enkel.

Unterdessen ist Wittgenstein am Rande des Kampfgebiets angekommen, schält Kartoffeln, reinigt Latrinen, schwenkt einen Zielscheinwerfer, arbeitet an seinem Buch und versucht, seine Sinnlichkeit in Zaum zu halten. Die «Dummheit, Frechheit und Bosheit» seiner Kameraden kommt ihm grenzenlos vor. «Jede Arbeit wird zur Qual.» Er schreibt eine Karte an David und denkt: «Der Himmel beschütze ihn und erhalte mir seine Freundschaft!» Die Mannschaft ist ein schreiendes, spuckendes, stinkendes, besoffenes Gaunerpack, nur die Offiziere sind «nette Menschen und wirklich *sehr* fein».

Häufig muß er seine Aufzeichnungen abbrechen, weil ein Alarm auf Deck ruft. Die schwere Kriegsarbeit macht ihn meistens ganz «unsinnlich». Hat die Mannschaft etwas von Ludwigs Veranlagung – er soll später auf «harten Jungs in den Londoner Pubs» gestanden haben – bemerkt?

Gerade Kleinigkeiten erscheinen ihm besonders beleidigend. Als er einen defekten Scheinwerfer reparieren muß und ihn erst gründlich untersuchen will, verhöhnt ihn die Mannschaft durch Zurufe und Gegröle, und der Zugführer entreißt ihm ungeduldig den Apparat.

«Ich kann gar nicht weiterschreiben. Es war entsetzlich.

Auf dem Wachschiff «Geoplan» muß Wittgenstein den Scheinwerfer bei Angriffen bedienen. Die Mannschaft quält ihn.

Einsatzgebiet Wittgensteins zu Anfang des Ersten Weltkriegs

Das eine habe ich gesehen: Es ist nicht ein einziger anständiger Kerl in der ganzen Mannschaft. Wie aber soll ich mich in Zukunft zu alledem stellen? Soll ich einfach dulden? Und wenn ich das nicht tun will? Dann muß ich in einem fortwährenden Kampf leben. Was ist besser? Im 2. Fall würde ich mich *sicher* aufreiben. Im ersten *vielleicht* nicht.»

Er fühlt sich «so verkauft und verraten» wie auf dem Gymnasium in Linz. «Nur eins ist nötig: alles, was einem geschieht, betrachten können. SICH SAMMELN!» Schließlich nimmt er sich vor, «*keinen Widerstand zu leisten*, mein Äußeres sozusagen ganz leicht zu machen, um mein Inneres ungestört zu lassen». Am 2. September 1914 erfährt er vom Sieg der 1. Armee Dankl bei Krasnik und der 4. Armee Auffenberg bei Komarów und trägt neben persönlichen Bemerkungen ein, was später einmal die Sätze 5.473 und 5.4733 des *Tractatus* werden:

Gestern hörten wir hier von einer enormen Schlacht, die schon 5 Tage im Gange sei. Wäre es nur schon die Entscheidung! Gestern zum erstenmal seit 3 Wochen onaniert. Bin fast ganz unsinnlich. Während ich mir früher immer Gespräche mit einem Freund vorstellte, geschieht dies jetzt fast nie. Arbeite täglich ein ganz klein wenig. Bin aber zu müde und abgelenkt. Gestern fing ich an, in Tolstois ‹Erläuterungen zu den Evangelien› zu lesen. Ein herrliches Werk! Es ist mir aber noch nicht das, was ich davon erwarte.

Wir müssen in einem gewissen Sinne nicht in der Logik irren können. Dies ist schon teilweise darin ausgedrückt: Die Logik muß für sich selbst sorgen. Dies ist eine ungemein tiefe und wichtige Erkenntnis.

Frege sagt: jeder rechtmäßig gebildete Satz muß einen Sinn haben, und ich sage: jeder mögliche Satz ist rechtmäßig gebildet, und wenn er keinen Sinn hat, so kann das nur daran liegen, daß wir einigen seiner Bestandteile keine Bedeutung *gegeben* haben.

Ungefähr gleichzeitig, am Ende eines der endlosen, quälenden Tage auf dem Rückzug von Grodek – «nichts ist so schrecklich als ein Rückzug in Verwirrung» – springt Trakl plötzlich beim Abendessen auf, erklärt, man möge entschuldigen, aber so könne er nicht weiterleben, zieht seine Pistole und stürzt hinaus. Seine Kameraden entwinden ihm die Waffe, er kommt zur «Vernunft». Vierzehn Tage geht sein Dienst weiter, als sei nichts geschehen, dann aber wird er plötzlich ins Garnisonsspital von Krakau abkommandiert, nicht, wie er annahm, um dort als Sanitäter seinen Kriegsdienst fortzusetzen, sondern zur Beobachtung seines Geisteszustands. In seiner Zelle hört er die Schreie der Irren im Stockwerk über ihm, sein Zimmergenosse ist ein Dragoner im *delirium tremens*. Zu Trakls Füßen schläft auf dem Fußboden sein treuer Diener Mathias Roth, ein Bergarbeiter aus Hallstadt. Als Ficker Trakl besucht, führt ihn der Wärter zu einer schwarzgestrichenen Tür und öffnet ein Guckloch.

«Meinen Sie den da?»

Ficker sieht Trakl, der auf dem Bettrand sitzt, sein Hemd lose zugeknöpft. Er raucht und scheint sich ruhig mit einem unsichtbaren Gegenüber zu unterhalten. Der feine Tabakrauch nebelt die Zelle leicht ein. Ein hochgelegenes, kreuzweise vergittertes Fenster läßt einen kräftigen Strahl der Vormittagssonne ein und vergoldet die wechselnden Formen der leichtbewegten Rauchwölkchen. Trakl legt plötzlich die Zigarette ab und blickt gespannt zur Tür, durch die im selben Moment Ficker tritt. Wortlos schließt er den Freund in die Arme.

Trakl meint, das Spital bald verlassen zu können, man halte ihn nur wegen einer Angina zurück. Aber er hat auch eine ganz bestimmte Angst.

«Wie denken Sie?» fragt er. «Ich fürchte nämlich wegen jenes Vorfalls vor ein Kriegsgericht gestellt und hingerichtet zu werden. Verzagtheit, wissen Sie: Äußerung der Mutlosigkeit vor dem Feind.»

Ficker kehrt äußerst beunruhigt nach Innsbruck zurück und schreibt an Wittgenstein, er möge doch Trakl besuchen. Wittgenstein kämpft am 29. September mit seinem «Hauptproblem»:

Heute morgen einen Korporal ins Spital gebracht, der an Ruhr erkrankt ist. Hier kommen jetzt viele Ruhr-Fälle vor. Es wird mir eigentümlich zumute, wenn ich denke, was ich in diesem Kriege noch alles erleben müssen werde. Gearbeitet, aber ohne Erfolg. Ich sehe noch immer nicht klar und habe keinen Überblick. Ich sehe Einzelheiten, ohne zu wissen, wie sie sich in das Ganze einfügen werden (...) daß jedes Problem *das Hauptproblem* ist, und der Anblick der Hauptfrage ermattet nicht, sondern er stärkt.

Die Lösung aller meiner Fragen muß *höchst* einfach sein! Im Satz wird eine Welt probeweise zusammengestellt. (Wie wenn im Pariser Gerichtssaal ein Automobilunglück mit Puppen etc. dargestellt wird.)

Daraus muß sich (wenn ich nicht blind wäre) sofort das Wesen der Wahrheit ergeben.

Denken wir an hieroglyphische Schriften, bei denen jedes Wort seine Bedeutung darstellt! Denken wir daran, daß auch *wirkliche* Bilder von Sachverhalten *stimmen* und *nicht stimmen* können.

Trakl hatte inzwischen schon selbst an Wittgenstein geschrieben und um dessen Besuch gebeten. «Möglicherweise werde ich das Spital in den nächsten Tagen verlassen können, um wieder ins Feld zurückzukehren», schließt sein Brief. «Bevor darüber eine Entscheidung fällt, möchte ich herzlich gerne mit Ihnen sprechen.» Wittgenstein wünscht sich am 1. November: «Wie gerne möchte ich ihn kennenlernen. Hoffentlich treffe ich ihn, wenn ich nach Krakau komme! Vielleicht wäre es mir eine große Stärkung. – – –» Zwei Tage später betäubt sich Trakl mit einer schweren Dosis Kokain, während der ahnungslose Wittgenstein überlegt: «Damit es den negativen Sachverhalt geben kann, muß es das Bild des positiven geben.» Am nächsten Tag spricht er sich Mut zu: «Häng nur nicht von der äußeren Welt ab, dann brauchst du dich vor dem, was in ihr geschieht, nicht zu fürchten (...). Es ist leichter, von Dingen als von Menschen abhängig zu sein. Aber auch das muß man können!»

Am 5. November erreicht spät abends die «Goplana» Krakau. «Bin sehr gespannt, ob ich Trakl treffen werde. Ich hoffe es sehr. Ich vermisse sehr einen Menschen, mit dem ich mich ein wenig ausreden kann. Es wird auch ohne einen solchen gehen müssen. Aber es würde mich sehr stärken.» Zu spät. Der geplante Besuch am folgenden Tag ist zwecklos, denn Trakl war drei Tage zuvor an einer Überdosis Kokain – so die offizielle Version – gestorben. Ist er, der sowohl im Gespräch mit Ficker als auch im Brief an Wittgenstein nicht die geringste Selbstmordabsicht verriet, möglicherweise Opfer eines ärztlichen Kunstfehlers geworden? Mathias Roth besteht vor der Beerdigung darauf, noch einmal seinen Herrn zu sehen, setzt eine Öffnung des Sarges durch und bemerkt einen halbmondförmigen Obduktionsschnitt an der linken Schläfe.

Am 6. November kommentiert Ludwig die schlimme Nachricht: «Dies traf mich *sehr* stark. Wie traurig, wie traurig!!! ... Der arme Trakl. – – – Dein Wille geschehe.» An Ficker schreibt er: «Alles was ich über das Ende des armen Trakl erfahren habe, ist dies: Er ist drei Tage vor meiner Ankunft an Herzlähmung gestorben.» Er hatte sich nicht mehr nach den näheren Umständen erkundigt, «wo doch das einzig Wichtige schon gesagt war», und dankt Ficker für die Zusendung von Gedichten Trakls. «Ich verstehe sie nicht, aber ihr Ton beglückt mich. Es ist der Ton des wahrhaft genialen Menschen.» Eine weitere Lektüre wehrt er im folgenden Jahr ab: «Ich bin jetzt in einer sterilen Zeit und habe keine Lust fremde Gedanken aufzunehmen. Diese habe ich nur während des Abfalls der Produktivität, nicht wenn sie schon *ganz* aufgehört hat. Aber – LEIDER fühle ich mich jetzt ganz ausgebrannt! Man muß eben Geduld haben.»

19. Kriegsbriefe. Briefe aus England laufen über Deckadressen in der neutralen Schweiz, einen Teil kennen wir in der deutschen Übersetzung der Vermittlerin. Manchmal sind sie nur zehn Tage, manchmal über zwei Monate unterwegs, und einige gehen verloren. «Ich denke sehr oft an Dich und hoffe, Du bist wohlauf. Sobald dieser Krieg vorüber ist, werden wir uns wiedersehen. Hoffen wir, daß es bald soweit ist!» schreibt David am 1. Dezember 1914. An diesem Tag macht Ludwig unter Geschützdonner und dem Sausen von Geschossen einen ungeduldigen Tagebucheintrag: «Also schon Dezember! Und noch immer keine Rede von Frieden.» Davids Brief ist drei Wochen unterwegs, und Ludwig jubelt am 21. Dezember: «Brief von David!! Ich habe ihn geküßt. Antwortete gleich. Ein wenig gearbeitet. – – –.»

Weniger erfreulich ist ein «nicht sehr lieber» Brief von John Maynard Keynes. Er ist im humorigen Ton der Cambridge-Apostel gehalten, wofür Ludwig nie Sinn hatte.

«Lieber Wittgenstein,

ich habe gestaunt, einen Brief von Dir zu bekommen. Glaubst Du, er beweist, daß Du während der kurzen Zeit existiert hast, als ich ihn erhielt? Ich denke doch. Ich hoffe, man hat Dich inzwischen sicher gefangengenommen. Russell und ich haben vorübergehend die Philosophie aufgegeben – ich, um meine Dienste der Regierung in Finanzfragen anzubieten, er, um für den Frieden zu kämpfen. Aber Moore und Johnson machen genauso weiter wie bisher.»

Er berichtet über ein neues Buch von Russell und erwähnt ironisch Ludwigs «liebe Freunde» Békássy und Bliss, jene Apostel, die Ludwig besonders haßt. «Es muß viel angenehmer sein, sich im Krieg zu befinden, als in Norwegen über Propositionen nachzudenken», frozzelt Keynes weiter. «Aber ich hoffe, Du wirst solcher Verweichlichung bald ein Ende setzen.» Frostig antwortet Wittgenstein über die Feldpost in Krakau:

«Du liegst völlig falsch, wenn Du denkst, das Soldatsein hielte mich vom Nachdenken über Propositionen ab. Tatsächlich habe ich in der letzten Zeit eine ganze Menge logische Arbeit geleistet und hoffe, bald noch eine ganze Menge mehr zu leisten.»

Herzlicher fügt er hinzu, der Krieg habe Gott sei Dank seine privaten Gefühle für die Engländer nicht im geringsten geändert. «Oder vielleicht doch: Ich bin etwas nachsichtiger geworden.» Wirklich? Im Februar 1915 steht er mit einem werdenden Offizier, einem Kadetten namens Adam, «auf sehr gespanntem Fuße» und hält ein Duell für möglich. «Lebe deswegen immer noch gut und nach deinem Gewissen; der Geist sei mit mir! Jetzt und in der Zukunft! – – –!» Doch scheint es nicht soweit gekommen zu sein. Brian McGuinness meint, es sei kaum anzunehmen, daß Ludwig jemals wirklich vor hatte, auf den anderen zu zielen.

In England haben Russell und Ottoline inzwischen einen neuen Freund gewonnen. Der Dichter David Herbert Lawrence schreibt ihnen einen langen Brief, um seine Theorie der Sexualität zu erläutern:

«Folgendes tun heute fast *alle* Engländer. Wenn ein Mann eine Frau nimmt, wiederholt er *nur* ein bekanntes Reaktionsschema sich selbst gegenüber, er sucht keine neue Reaktion, keine Entdeckung. Und das ist wie Selbstbefriedigung oder Masturbation. Der normale Engländer des Bildungsbürgertums geht jetzt zu einer Frau, um zu masturbieren.»

Nach Lawrence kann das auch eine Form von Homosexualität sein, eine andere Form der Masturbation ebenso wie das Zölibat. Die betroffenen Seelen seien in ihrer «Schale» gefangen, auf sich beschränkt und unfähig, echte Liebe zu empfinden. Wer stark genug ist, der Masturbation zu widerstehen und ein zu starkes Ehrgefühl hat, um einen anderen Körper zur Masturbation = Homosexualität zu benutzen, bleibe zölibatär. Dieses «Evangelium der Instinktentwicklung», wie es Lady Ottoline nennt, verlangt, daß man seine «Schale» mit allen Konsequenzen, die auch politischer Natur sein können, durchbricht.

Russell merkt zunächst nicht, wie groß die Unterschiede zu Lawrence sind. Er führt ihn bei seinen Cambridger Apostel-Freunden ein, aber Lawrence ist beleidigt, als Keynes im Pyjama zum Frühstück erscheint. Er glaubt, schwule Intellektuelle wollen ihn als Arme-Leute-Sohn demütigen, und

Russell kann Ottoline schadenfroh berichten, daß Lawrence «dasselbe Gefühl gegen Sodomie hat wie ich; Du hast mich beinahe davon überzeugt, daß nichts dabei ist; aber ich bin jetzt wieder anderer Meinung; und alle Beispiele, die ich kenne, sagen mir, daß es unfruchtbar macht». Nach seinem Cambridge-Aufenthalt beschreibt Lawrence Homosexuelle wie Keynes, Grant und die Stracheys haßerfüllt als «schwarze Käfer». Wie ein Käfer, erklärt er Ottoline, in der manche Literaturwissenschaftler ein Vorbild für *Lady Chatterley* vermuten, sei jeder einzelne Homosexuelle in seiner harten Schale eingesperrt.

«So mußte ich von einem Käfer, der wie ein Skorpion biß, träumen. Aber ich tötete ihn – einen sehr großen Käfer – ich verwundete ihn, und er rannte weg – aber ich bekam ihn wieder und tötete ihn. Diesen Horror vor krabbelnden kleinen Wesen kann ich nicht aushalten.»

Russell und Lawrence schreiben an einem gemeinsamen utopischen Entwurf, bei dessen Redaktion sich der Gegensatz zwischen ihnen verschärft. «Der Staat ist in seinem innersten Kern etwas Böses», definiert Russell, «durch seine Ausgrenzungen und die Tatsache, daß er ein Zusammenschluß von Menschen zum Morden und Rauben ist.» Lawrence verbessert: «Der Staat ist der Ausdruck einer großen metaphysischen Idee: die Idee von Gott, dem Schöpfer, der die Erde nach bestimmten Gesetzen erschaffen hat, deren Befolgung glücklich macht.» Russell merkt: «Lawrence ist genauso ein wütender Kritiker wie Wittgenstein, aber ich halte Wittgensteins Kritik für richtig, die von Lawrence für falsch.»

Ludwig erfährt inzwischen, daß auch David an einer philosophischen Abhandlung arbeitet. «Ich nehme die Sache im Augenblick nicht so tierisch ernst», schreibt David, «daß ich gleich davon träumte, sie zu veröffentlichen oder dergleichen, denn vermutlich ist es sowieso absoluter Schrott!» – und wünscht, er könnte alles mit Ludwig besprechen. Das

Verschicken einer Abschrift ist schwierig, «da anscheinend alle unsere Briefe der Zensur unterliegen, kann ich nur hoffen, daß der Zensor nicht scharf darauf ist, sich durch 50 maschinengeschriebene Blätter Philosophie durchzubeißen, auf der Suche nach Informationen, die dem Feind nützen!» Er ist jetzt eine Art Privatsekretär seines Onkels und hat fünf Tage in der Woche viel Arbeit. «Ich bete zu Gott, daß diese schreckliche Tragödie bald zu Ende ist und sehne mich danach, Dich wiederzusehen.»

Russell empfiehlt Wittgenstein, in Krakau den Logiker M. H. Dziewicki zu besuchen, was er am 24. Mai auch tut: «Ein netter alter Mann.» Nach dem Krieg wird Dziewicki an Russell schreiben, er freue sich, daß sich die düsteren Vorahnungen des «höchst freundlichen jungen Mannes» nicht erfüllt haben. «Er rechnete damit», kritzelt Russell an den Briefrand, «in Rußland umzukommen.»

Die Juristerei ist David inzwischen zunehmend lästig. Er lenkt sich durch lange Landspaziergänge ab und geht in Konzerte mit Musik von Beethoven, Schubert und Brahms, wobei er schmerzlich Ludwig vermißt. «Ich habe mir so sehr gewünscht, daß Du hier wärst!» schreibt er im Juni 1915. Ludwig arbeitet inzwischen in einer Geschützwerkstatt in Krakau. Im Juli explodiert während der Arbeitszeit eine Kanone, Ludwig wird verletzt und erleidet einen Nervenschock. «Ich bin sehr betrübt über Deinen Nervenschock», schreibt David, «trotzdem muß es angenehm sein, einen kurzen Urlaub zu bekommen.»

Mittlerweile überspannt Lawrence den Bogen. Er bezeichnet in einem beleidigenden Brief Russell als «Feind der gesamten Menschheit», der schlimmer sei als plündernde und grausame deutsche Soldaten und voll von perverser geistiger Blutlust. Russells halbgeöffnete «Schale» klappt vernehmlich wieder zu.

Ludwig streckt in seinen Briefen an Keynes und David seine Fühler vorsichtig nach Moore aus, aber von David übermittelte Grüße bleiben erfolglos. «Es tut mir leid», muß er Ludwig melden, «daß Moore seiner Christenpflicht nicht nachkommt.» Dieser trägt am 12. Oktober einen merkwürdigen Traum in sein Tagebuch ein:

«Traum über Wittgenstein, er sieht mich an, als wollte er fragen, ob alles in Ordnung ist, und ich mußte unwillkürlich lächeln, als ob es so wäre, obwohl ich weiß, daß es nicht so ist; dann schwimmt er im Meer, schließlich versucht er seiner Verhaftung als feindlicher Ausländer zu entkommen.»

David gibt das «verdammte Jurastudium» schließlich auf und arbeitet im Ministerium für Nachschub und Rüstung, das die Produktion von Maschinengewehren für die Front ankurbeln soll. In Frankreich fällt sein Bruder Richard. Wieder versucht er, zum Militär zu kommen, wieder ohne Erfolg. Er schreibt am 31. Mai 1916:

«Mein lieber Ludwig, es tut mir so schrecklich leid für Dich, wenn ich von Dir vernehme, daß Du kürzlich schwere Zeiten durchzumachen gehabt hast. Bitte ertrage es mutig, und nach dem Krieg werden wir ohne Zweifel sogleich unser Möglichstes tun, einander wiederzusehen. Glaube es mir! Ich vermisse Dich sehr.»

Er erwähnt den Tod seines Bruders:

«Er und Du waren die 2 Personen, welche ich immer am liebsten sah und bei ihnen zu sein wünschte, und nun ist er weg. Nun habe ich nur noch größeres Verlangen, Dich wiederzusehen. Der Krieg kann unsere persönlichen Verbindungen nicht ändern, eigentlich hat er gar nichts mit persönlichen Verbindungen zu tun. Ich beschwöre es Dir, er hat nicht im mindesten meine Gefühle gegen dich beeinflußt. (...) Bitte schreibe mir wieder, wann Du dieses erhalten haben wirst und sage mir, wie es Dir geht – daß es Dir gutgeht. Ich sehe durchaus mit festem Vertrauen unserem Wiedersehen entgegen, und wir wollen beide geduldig diesen Zeitpunkt erwarten. Es wird dazu kommen, und es wird

George Edward Moore träumt, Wittgenstein schwimme im Meer und versuche einer Verhaftung als feindlicher Ausländer zu entkommen. Aber Ludwig repariert Kanonen in Krakau. Zeichnung von H. Andrew Freeth

prächtig sein, nach so langer Zeit wieder zu den alten Zeiten zurückzukommen, wie wir sie erlebt haben, welche, wie so viele andere Sachen so weit scheinen und beinahe unbegreiflich sind.

Für immer Dein Freund Davy.»

In Cambridge erhält Russell einen offiziellen Brief des Trinity College: «Lieber Russell, es ist meine Pflicht, Sie darüber zu informieren, daß heute die folgende Entschließung einstimmig vom College-Rat gefaßt wurde: ‹Daß, weil Herr Russell angeklagt (...) und die Anklage bestätigt wurde, er von seiner Dozentur im College entfernt werden soll.›» Wegen Unterstützung der Kriegsdienstverweigerer verliert Russell seinen Lehrstuhl im einst so toleranten Cambridge.

Ludwig nimmt unter enormen körperlichen Strapazen an der Abwehr der Brussilow-Offensive in den Karpaten teil.

«Furchtbare Witterung. Im Gebirge, schlecht, ganz unzureichend beschützt, eisige Kälte, Regen und Nebel. Qualvolles Leben. Furchtbar schwierig, sich nicht zu verlieren. Denn ich bin ja ein schwacher Mensch. Aber der Geist hilft mir. Am besten wärs, ich wär schon krank, dann hätte ich wenigstens ein bißchen Ruhe.»

Durch Resignation und Ermüdung hindurch klingen jedoch neue Töne: Ludwig beginnt am Leben zu *hängen*, niemals war er soweit von seinen alten Selbstmordgedanken entfernt, ein neuer Überlebenstrieb setzt ein. «Werden beschossen. Und bei jedem Schuß zuckt meine Seele zusammen. Ich möchte so gerne noch weiter leben!» Davids Brief ist diesmal fast zwei Monate unterwegs. Als Ludwig ihn am 26. Juli erhält, verzweifelt er fast vor Rührung.

«Dieser liebe freundliche Brief öffnet mir die Augen darüber, wie ich hier in der *Verbannung* lebe. Es mag eine heilsame Verbannung sein, aber ich fühle sie jetzt als Verbannung. Ich bin unter lauter Larven verbannt und muß mit diesen unter den widerlichsten Umständen leben. Und in dieser Umgebung soll ich ein gutes Leben führen und mich läutern. Aber das ist FURCHTBAR schwer! Ich bin zu schwach. Ich bin zu schwach. Gott helfe mir.»

Und drei Tage später:

«Wurde gestern beschossen. War verzagt. Ich hatte Angst vor dem Tode. Solch einen Wunsch habe ich jetzt, zu leben! Und es ist schwer, auf das Leben zu verzichten, wenn man es einmal gern hat. Das ist eben ‹Sünde›, unvernünftiges Leben, falsche Lebensauffassung. Ich werde von Zeit zu Zeit zum *Tier*. Dann kann ich an nichts denken als an Essen, Trinken, Schlafen. Furchtbar! Und dann leide ich auch wie ein Tier, ohne die Möglichkeit innerer Rettung. Ich bin dann meinen Gelüsten und meinen Abneigungen preisgegeben. Dann ist an ein wahres Leben nicht zu denken.»

Obwohl erneut vom Militär zurückgewiesen, arbeitet David «außerordentlich streng in Verbindung mit dem Krieg als (unglaublich für mich) Mechaniker» in einer Birminghamer Munitionsfabrik.

«Ich bin Ingenieur, oder vielmehr ein Handwerker, ich arbeite in einer Maschinenfabrik. Es ist sehr interessant, jedoch sehr ermüdend. Ich habe seit vielen Monaten keine Ferien gehabt, außer fünf Tagen Krankheitsurlaub kürzlich, als ich in die See hinausfuhr, in einem kleinen Segelschiff (...). Ich sehne mich so, Dich wiederzusehen; sobald der Krieg zu Ende ist, wollen wir uns treffen, wenn nötig in der Schweiz.

Stets Dein Freund – Davy.»

Die erhaltenen Kriegstagebücher Ludwigs enden mit einer Eintragung vom 19. August 1916: «Von Gemeinheit umgeben! Soll in absehbarer Zeit zum Kader ins Hinterland abgehen. Bin froh darüber. Von Gemeinheit umgeben. Gott wird helfen.» Nach den schweren Kämpfen bei Okna wird Ludwig am 1. September 1916 zum Korporal befördert und kommt auf die Offiziersschule in Olmütz.

Im «George Hotel» in Glastonbury entjungfert auf einem Ferientrip Lytton Strachey am 28. August 1916 die Malerin Dora Carrington. Er sendet Keynes einige Verse:

«Puste ich mit vollen Lungen
Am Spielzeug süßer kleiner Jungen,
– Vielen Dank, das klappt doch schön!
Doch wie fängt man es nur an,
Daß ein Kätzchen schnurren kann
– *Das* vermag ich nicht zu sehn.»

Voller Dankbarkeit hatte Carrington darunter eine zusammengerollte schlafende Katze gemalt. Der Priester der «höheren Sodomie» liebt eine Frau.

Ludwigs Werk ist fast fertig. David gratuliert in seinem letzten erhaltenen Brief an Ludwig vom 31. Dezember 1916: «Ich bin ganz glücklich, daß Du Dein Werk vollendet hast, und sicherlich wird es nicht umsonst sein. Ich selbst arbeite auch fest derzeit, habe wenig freie Zeit. Aber das ist zur Jetztzeit besser, fest arbeiten zu müssen, die Zeit scheint einem dann rascher zu vergehen.»

Russell leckt seine Wunden. Er hatte 1916 nicht weniger als vier Affären mit verheirateten Frauen: der etwas oberflächlichen und leicht wahnsinnigen Vivien Eliot, verheiratet mit dem Dichter T. S. Eliot, der adligen Schauspielerin Colette O'Niel, alias Constance Malleson, und der Schriftstellerin Katherine Mansfield. Sie macht ihm klar, daß er die Beziehung zu der vierten, Ottoline Morrell, in eine rein freundschaftliche umwandeln sollte, da Ottoline seine Gefühle «nicht mehr ausreichend erwiderte». Bei einem Spaziergang im April 1917 erhält Ottoline den «Trennungsstoß», wie sie es nennt, als Russell bemerkt:

«Wie schade: Dein Haar wird grau.»

20. «Der mit dem Evangelium.» Im Sommer 1914 hatte Wittgenstein dienstlich in dem galizischen Städtchen Tarnow in der Nähe von Krakau zu tun. Er entdeckt einen Buchladen, der aber nur Ansichtskarten, keine Bücher zu führen scheint. Er tritt ein und entdeckt etwas Buch-Ähnliches, ein dünnes Reclam-Heftchen mit Lew Tolstois *Kurzer Darlegung des Evangeliums*, das er ohne nachzudenken und leicht enttäuscht wegen der kargen Ausbeute kauft. Am 1. September 1914 beginnt er mit der Lektüre.

Er sei nicht durch theologische oder historische Forschungen Christ geworden, erzählt Tolstoi, sondern weil er im fünfzigsten Lebensjahr von den Gelehrten auf seine existentiellen Fragen die Antwort erhalten habe, er sei eine zufällige Verkettung von Atomen, das Leben habe keinen Sinn und sei ein Übel. Er habe an Selbstmord gedacht, dann aber sei ihm eingefallen, daß seine Kindheit durch Glauben einen Sinn hatte.

«Die Quelle der christlichen Lehre sind die Evangelien, und in ihnen fand ich eine Erläuterung des Geistes, der das Leben aller lenkt, die wirklich leben.

Aber zusammen mit dieser Quelle reinen Wassers des Lebens fand ich, zu Unrecht damit verbunden, Schmutz und Schleim, die ihre Reinheit vor mir verbargen: neben der erhabenen christlichen Lehre, und mit ihr verbunden, fand ich eine hebräische und kirchliche Lehre, die ihr fremd ist. Ich war in der Position eines Mannes, der einen Sack stinkenden Drecks erhält, und erst nach langem Kampf und viel Arbeit herausfindet, daß mitten in diesem Dreck unbezahlbare Perlen liegen; und er versteht nun, daß man ihn nicht dafür tadeln kann, daß er stinkenden Dreck nicht liebt, und daß die, welche die Perlen zusammen mit dem Dreck gesammelt und aufgehoben haben, ebensowenig zu tadeln sind, sondern Liebe und Respekt verdienen.»

Tolstoi hatte das Gefühl, sein Leben stünde still. Die einleitende *Beichte* von 1879, in welcher er seine Bekehrung zum Glauben schildert, liest sich streckenweise wie eine Vorlage zu Wittgensteins Text. Die Philosophie könne die Frage nach dem Sinn des Lebens nur stellen, nicht beantworten, sagt Tolstoi,

«und ist sie wahre Philosophie, so besteht ihre ganze Arbeit eben nur darin, klar diese Frage zu stellen. Und hält sie sich streng an ihre Aufgabe, so kann sie auf die Frage: was bin ich und was ist die ganze Welt? nicht anders antworten als: alles und nichts, und auf die Frage: wozu? ... ich weiß nicht.»

Man mag daher die Antworten der Philosophie drehen und wenden, wie man will, man erhält doch nur die Frage zurück, in noch komplizierterer Form. Auch eine Erfahrungswissenschaft ergibt nur dann positive Erkenntnis und offenbart die Größe des menschlichen Geistes, «wenn sie in ihre Forschungen die Endursache nicht einführt». Durch das Gespräch mit einem ungebildeten, pilgernden Bauern, schreibt Tolstoi, wurde er zur «Erkenntnis des Glaubens» gebracht, der stärker als der naive Jugendglaube ist, dessen Zusammenbruch er eindrucksvoll am Beispiel seiner Brüder beschreibt:

Nikolaj schaut Sergej zu, wie er abends gewohnheitsmäßig zum Gebet niederkniet. Als er fertig ist, stellt Nikolaj fragend fest:

«Du machst also diese Sache immer noch?»

Obwohl kein weiteres Wort mehr gesprochen wird, zerstört diese Bemerkung Sergejs Glauben, der seitdem weder betet noch in die Kirche geht.

«Und nicht etwa, weil er die Überzeugung seines Bruders gekannt und sich zu eigen gemacht hatte, nicht etwa, weil er in seiner Seele zu einem bestimmten Entschluß gekommen war, sondern nur, weil das Wort, das der Bruder gesprochen, gleichsam wie ein Fingerstoß an eine Wand war, die durch die eigene Schwere zum Fallen geneigt war; das Wort war nur ein Hinweis darauf gewesen, daß dort, wo nach seiner Meinung der Glaube in ihm wohnte, schon längst ein leerer Raum gewesen war, und daß daher die Worte, die er flüsterte, die Bekreuzigungen, die Kniebeugungen während des Gebets völlig sinnlose Handlungen seien. Er hatte ihre Sinnlosigkeit erkannt und konnte sie nun nicht mehr ausüben.»

Erst durch die völlige Trennung von Religion und Wissenschaft wird Glaube wieder möglich. Hermine Wittgenstein, von den tolstoianischen Gedanken ihres Bruders ergriffen, faßt später auf einem vor 1927 geschriebenen Blatt zusammen.

«Die Stufe auf welcher ich (Papa, Darwin, Kaiser Josef,) stehen, ist charakterisiert durch das Gefühl für das Gute u. das Nicht-Gefühl für Gott, also den Mangel an Religion. Diese Stufe hatte auch Tolstoi vor seiner Umwandlung inne, er war ein hochanständiger Mensch und Schluß.»

An Ficker schreibt Wittgenstein nach dem Unfall in Krakau, Tolstois *Darlegung* habe ihn «seinerzeit geradezu am Leben erhalten». Er trägt sie inzwischen *«immer»*, wie er betont, mit sich herum «wie einen Talisman», und die Soldaten nennen ihn «den mit dem Evangelium».

Zum Glauben braucht man keinen Grund, und in den Glauben führt ein Sprung. «‹Es ist gut, weil es Gott so befohlen hat›, ist der richtige Ausdruck für die Grundlosigkeit›, notiert Wittgenstein im Zusammenhang mit seiner Kierkegaard-Lektüre. Als er 1929 wieder nach Cambridge zurückkehrt, ist es dieser Wittgenstein, den seine – außer David! – ersten Schüler kennenlernen, der in sein Tagebuch schreibt: ‹Wie das Insekt das Licht umschwirrt, so ich ums Neue Testament› und

«Nicht das Knien hilft beim Beten, aber man *kniet.*
Nenn es alles Krankheit! Was hast Du damit gesagt?
Nichts.»

«Ich bin zwar kein religiöser Mensch», sagt er zu Drury, «aber ich kann nicht anders: ich sehe jedes Problem von einem religiösen Gesichtspunkt.» So wichtig Freuds «ozeanisches Gefühl» für Wittgenstein ist, so wenig beugt sich aber sein Denken – sein Körper macht einfach nicht mit: «Das Knien bedeutet, daß man *ein Sklave ist.* (Darin könnte die Religion bestehen.)» – «Ich kann nicht niederknien, zu beten, weil gleichsam meine Knie steif sind. Ich fürchte mich vor der Auflösung (vor meiner Auflösung), wenn ich weich würde», lesen wir 1946. Die «Steifheit» der Knie ist nicht «willentliches» Unterlassen, sondern eine «Unfähigkeit», die an eine berühmte Überlegung von Hegel zu *einem* möglichen Ende von Kunst erinnert. Kunst mag sich immermehr vervollkommnen, «aber ihre Form hat aufgehört, das höchste Bedürfnis des Geistes zu sein. Mögen wir die griechischen Götterbilder noch so vortrefflich finden und Gottvater, Christus, Maria noch so würdig und vollendet dargestellt sehen: es hilft nichts, unser Knie beugen wir doch nicht mehr.»

21. Davids Tod. Im März 1916 wird David von seiner Stelle als Maschinenwart in einer Birminghamer Munitionsfabrik in eine Fabrik der Royal Air Forces nach Farnborough verlegt, wo er die folgenden acht Monate hart arbeiten muß und kaum Urlaub erhält. Er hilft bei der Herstellung der Gabelkardangelenke, die mit einem Profildraht an den Spezialflugzeugen der englischen Luftflotte befestigt sind. «Wir haben die große Ehre, die Kardangelenke für die gesamte britische Flugzeugindustrie herzustellen, wobei ich mit ‹wir› Murray, mich und drei Leute von der Nachtschicht meine.» Der Krieg will kein Ende nehmen – Tag für Tag zieht David seinen fettstarrenden blauen, mit Schmieröl getränkten Overall an. Was er in seiner Studienzeit in Cambridge als «Klempnerei» verachtet hatte, handwerkliche, nicht «denkerische» Arbeit, macht ihm wider Erwarten Spaß, und er empfindet einen steigenden Respekt vor seinen Mitarbeitern.

Als Mathematiker macht er sich bei der aerodynamischen Forschungsarbeit nützlich, die durchaus ihre praktischen Seiten hat: David lernt fliegen. Diese Verbindung von Theorie und Praxis begeistert ihn. Er verbringt immer mehr Zeit mit dem Erproben der relativ primitiven Flugapparate, die im Ersten Weltkrieg zur Verfügung stehen. Sie haben nur ein winziges Cockpit, und Davids zierlicher Körperbau, Grund für die Ablehnung beim Militär, stellt sich als besonderer Vorteil heraus.

Die Zensur erlaubt ihm nicht, Ludwig über den Inhalt seiner Berichte an das National Physical Laboratory zu schreiben, noch nicht einmal die Natur seiner Arbeit darf zur Sprache kommen. Ihr Ziel beschreibt David jedoch seinen Eltern, die wissenschaftliche Laien sind: «die Experimente liefern eine genaue Aussage darüber, ob ein Kompaß schlecht funktioniert, und mit meiner Arbeit kann ich beweisen, warum er das tut und folglich auch, wie man ihn dazu bringt, daß er besser funktioniert.» David bedauert es sehr, Ludwig nicht mehr schreiben zu dürfen, und seine große Sorge ist, sein Freund habe die wenigen Briefe zu Anfang des Krieges nicht erhalten. Schließlich glaubt er, obwohl einige Briefe Ludwigs ihn erreichen, daß keins seiner Schreiben angekommen ist.

Wovon Ludwig nichts erfährt: David verlobt sich mit der Tochter eines Fregattenkapitäns. Die Verbindung geht jedoch schnell in die Brüche. Davids Nichte Anne Pinsent Keynes, Mitherausgeberin seines Tagebuchs, sieht als Grund, daß «es sich im Krieg als unmöglich erwies, eine Beziehung aufrechtzuerhalten, geschweige denn zu entfalten, zumal seine ganze Begeisterung und Energie den Experimenten galt». Davids Gruppe war in der Tat außergewöhnlich interessant, gehörten ihr doch nicht weniger als vier spätere Nobelpreisträger an: F. W. Aston, G. P. Thomson, G. I. Taylor und F. A. Lindemann.

Für die Experimente des Jahres 1918, deren Flugakrobatik beträchtliche Risiken birgt, benötigt man besonders erfahrene Piloten. Natürlich ist David dabei. Er schildert in seinen Briefen Flugkunststücke, «die seinen Eltern wohl das Blut in den Adern gefrieren ließen», wie Anne Pinsent Keynes meint. Aber David beruhigt seine Eltern:

«Ich gebe zu, daß die Flugkunststücke ein wenig übertrieben sind, aber Ihr müßt Euch vor Augen halten, daß das typische Dinge sind, zu denen wir unsere Leute im Fliegerkorps ermutigen müssen. Diese tollkühne Einstellung ist absolut erforderlich. (...) Wir konnten letzthin manch ein Experiment nur deshalb nicht durchführen, weil sich die alten Piloten unter dem Vorwand geweigert hatten, es sei zu gefährlich. (...) Tatsächlich hat es mit unseren neuen Piloten bislang weniger Unfälle gegeben als vorher mit den alten. Bitte macht Euch keine Sorgen. Das ganze ist absolut sicher, und manchmal wünsche ich mir sogar, es wäre gar nicht so sicher, dann hätte ich wenigstens das Gefühl, an den Gefahren unserer Zeit teilzunehmen.»

Sein Wunsch erfüllt sich. Er liebt es, nach dem Tee an schönen Frühlingstagen noch einmal aufzusteigen und bis zum letzten Tageslicht am Himmel zu bleiben. Ein solcher Tag ist auch der 8. Mai 1918. Seine Mutter hatte ihm am Vortag einen kurzen Besuch abgestattet, und David wendet sich wieder seiner Arbeit zu: er soll die Ursache eines Flugzeugabsturzes untersuchen. Er steigt auf – manövriert – verliert die Gewalt über seine Maschine – sie stürzt ab. David hat zum letztenmal an den Gefahren seiner Zeit teilgenommen, Ellen Pinsent den zweiten Sohn verloren.

Zu diesem Zeitpunkt ist Ludwig als Aufklärer einer Sturmbatterie an der italienischen Front aktiv und wird für die Goldene Tapferkeitsmedaille vorgeschlagen:

«Ist im Gefechte bei Asiago am 15. 6. l. J. als Aufklärer der Sturmbatterie mit den ersten Sturmwellen vorgegangen. Hat im starken Maschinengewehr- und Artilleriefeuer die Gefechtsverhältnisse aufgeklärt, wobei von seiner Patrouille 2 Mann verwundet wurden. Im wahrsten Trommelfeuer besorgte er den Abtransport der Verwundeten, kehrte zu dem Sturmgeschütz, welches unter dem starken schwersten Artilleriefeuer stand, zurück. Als der 1. Offizier mit 3 Mann von einer 28 cm Granate verschüttet wurden, übernahm er dessen Stelle und leitete mit Hintansetzung eigener Person die Rettungsarbeiten. Als der Befehl zum Zurückziehen des Geschützes gegeben wurde, brachte er dasselbe binnen kurzer Zeit durch das rasende Trommelfeuer in die Ausgangsstellung zurück. Sein hervorragend tapferes Verhalten, Ruhe, Kaltblütigkeit und Heldenmut erweckte bei der Mannschaft vollste Bewunderung. Durch sein Benehmen gab er ein leuchtendes Beispiel soldatischer Pflichttreue und Pflichterfüllung.»

Aber Wittgenstein bringt es nur beinahe zur Goldenen Tapferkeitsmedaille – ein vorgesetzter Oberst bemängelte, die Einwirkung auf den Feind sei zu gering gewesen. Wittgenstein macht sich später darüber lustig, daß Tapferkeit am Erfolg gemessen werde. Die österreichische Offensive wird im Juni 1918 nach Verlusten von über 100 000 Mann gestoppt.

Ellen Pinsent unterrichtet Ludwig vom Tode Davids. «Beim Fliegen war er immer sehr glücklich», schreibt sie am 6. Juli an Wittgenstein, «er liebte es; ich glaube, während der letzten Monate seines Lebens war er so glücklich, wie ein Mensch nur sein kann. Er hatte die Arbeit gefunden, für die er geschaffen war, und er empfand sich selbst von wirklichem Nutzen. Man sagte, die Arbeit, die er geleistet hat, werde in Zukunft viele Menschenleben retten, er jedoch hat den Tod gefunden.» Eine direkte Reaktion Ludwigs auf die Todesnachricht ist nicht bekannt. Aber im selben Jahr unterzeichnet er, auf Urlaub in Wien, das Vorwort zum *Tractatus* und widmet sein Buch David Pinsent.

22. Epitaph für David. Wittgensteins Gedankengang in diesem berühmten Buch rankt sich um sieben durchnumerierte Sätze, deren teils ausführliche, teils lakonische Erläuterungen den *Tractatus* ausmachen. Dezimalstellen in der Numerierung der Erläuterungen geben ihren Stellenwert im dichten Gewebe sämtlicher Sätze des Werkes an, eine Methode, die Wittgenstein den Mathematikern, insbesondere Frege und Russell, abguckte, und der *Tractatus* wirkte dadurch streng wie eine mathematische Abhandlung. Sein Umfang beträgt kaum 90 Druckseiten.

«Meine *ganze* Aufgabe besteht darin, das Wesen des Satzes zu erklären», notierte Wittgenstein am 22. Januar 1915 in Krakau. Auf der «Goplana» hatte er schon vorher überlegt:

«Im Satze stellen wir – sozusagen – *zur Probe* die Dinge zusammen, wie sie sich in Wirklichkeit aber *nicht* verhalten brauchen, wir können aber nicht etwas *Unlogisches* zusammenstellen, denn dazu müßten wir in der Sprache aus der Logik heraus können» (15. 11. 1915). Die Untersuchung des «Satzes» führt ihn zu der Frage, wie sich der Mensch mit Hilfe der Sprache im «Gedanken» ein Bild der Welt machen kann. Die Gesamtheit aller wahren Gedanken beschreibt die Welt und bringt auch Gott ins Spiel. Gottes Freiheit, verschiedene mögliche Welten zu erschaffen, wird nach Wittgenstein durch die Logik eingeschränkt. Dem Menschen wie auch Gott ist es nicht möglich, eine «unlogische» Welt zu erschaffen, denn dafür müßte ein unmöglicher Gedanke denkbar sein, dem ein unmögliches Bild – also *kein* Bild – entspräche.

Es ist ein wichtiges Ziel des *Tractatus* zu beweisen, wie unwichtig das auf diese Weise Sagbare ist – das gilt auch für die Sätze des *Tractatus*. Sie seien nur «Pseudo-Sätze», die etwas eigentlich nur Zeigbares erläutern. Wer sie erst einmal verstanden hat, muß sie als unsinnig erkennen. So wirft Wittgenstein die Leiter weg, über die er zu seiner Gedankenwelt aufsteigen konnte. Dieses «Wegwerfen der Leiter» ist aber nicht etwa eine wert- und sinnlose, sondern eine geradezu *sinnstiftende Tätigkeit*, welche die eigentlich wichtigen Fragen erst richtig hervortreten läßt. Für die essentiellen Probleme von Religion und Ästhetik ist das Sagbare, da es nur die Zufälligkeiten der Welt betrifft, unwesentlich. «6.41 … Wenn es einen Wert gibt, der Wert hat, so muß er außerhalb alles Geschehens und So-Seins liegen. Denn alles Geschehen und So-Sein ist zufällig. Was es nicht zufällig macht, kann nicht *in* der Welt liegen, denn sonst wäre dies wieder zufällig. Es muß außerhalb der Welt liegen.» In Ethik und Ästhetik, die für Wittgenstein «Eins sind», gibt es keine Sätze. «6.432 *Wie* die Welt ist, ist für das Höhere vollkommen gleichgültig. Gott offenbart sich nicht *in* der Welt.»

Als richtige Methode der Philosophie empfiehlt Wittgenstein, «Nichts zu sagen, als was sich sagen läßt, also Sätze der Naturwissenschaft – also etwas, was mit Philosophie nichts zu tun hat –, und dann immer, wenn ein anderer etwas Metaphysisches sagen wollte, ihm nachzuweisen, daß er gewissen Zeichen in seinen Sätzen keine Bedeutung gegeben hat» (6.53). Es ist die Methode von Tolstois Bruder Nikolaj, der den «leeren Raum» an die Stelle des Glaubens von Sergej treten läßt und ihn «sinnlos» machte.

Wittgenstein erscheint im *Tractatus* «die *Wahrheit* der hier mitgeteilten Gedanken unantastbar und definitiv. Ich bin also der Meinung, die Probleme im Wesentlichen endgültig gelöst zu haben.» Russell ist bescheidener. Er verwendet den Begriff, den die Philosophiegeschichte dem Denken der beiden später anheften wird und der wie kein anderer zum Mißverständnis von Wittgensteins Absichten beiträgt – «logischer Atomismus» – zum erstenmal in den Vorlesungen, die er bei sich trägt, als er am 19. März 1911 auf dem Weg nach Paris am Bedford Square Ottoline Morrell lieben lernt. 1918 erklärt Russell: «Es tut mir leid, daß ich gezwungen war, so viele Probleme ungelöst zu lassen. Ich muß mich jedesmal dafür entschuldigen, aber die Welt ist wirklich ziemlich rätselhaft, und dafür kann ich nichts.»

Das philosophische Konzept des *Tractatus* beeindruckt durch seine großartige Konzentration und Geschlossenheit, die auch dadurch entsteht, daß manche Begriffe bewußt vieldeutig bleiben, sozusagen im Schwebezustand, und erst durch das Ganze einen Vorstellungsinhalt bekommen. Die mathematisch-logischen Teile, darunter Wittgensteins Zahlbegriff, sind oft nur skizzenhaft. Ficker erklärt er 1919, sein Buch bestehe aus zwei Teilen, «aus dem, der hier vorliegt, und aus alledem, was ich *nicht* geschrieben habe. Und gerade dieser zweite Teil ist der Wichtige. Es wird nämlich das Ethische durch mein Buch gleichsam von Innen her begrenzt; und ich bin überzeugt, daß es, *streng*, NUR so zu begrenzen ist. Kurz, ich glaube: Alles das, was *viele* heute *schwafeln*, habe ich in meinem Buch festgelegt, indem ich darüber schweige.» Das führt dazu, daß Wittgenstein seine philosophisch-schöpferische Arbeit zunächst einstellt, dann aber mit einer Kritik seines *Tractatus* zu einer neuen Philosophie überleitet.

Weit weniger schweigsam sind die zahllosen Interpretationen des *Tractatus*. Ernst Michael Lange etwa ordnet die Sätze des *Tractatus* in Würfelform an, die durch Reihen mit je 7 Sätzen entstehen, insgesamt also $7^3 = 343$ Sätze aus 526. Seiner Meinung nach ist das von Wittgenstein so beabsichtigt, um eine Kompensation für die Übertretung des «Schweigegebots» zu geben und eine mögliche «Form der Philosophie» zu «zeigen», über die Wittgenstein aber nicht direkt spricht. Lange glaubt, daß dabei bis in die Silbenzählung hinein die Siebenzahl eine Rolle spielt.

Man kann diese philosophische Astrologie aber noch weiterführen. Davids Familienname «Pinsent» hat *sieben* Buchstaben. Spielt die Sieben vielleicht deshalb ihre Rolle, weil Davids Name somit die «Form der Philosophie» zeigt? Das wäre ein würdiges Epitaph für David.

Sich entfernen

«Weiß ist auch eine Art Schwarz»
Ludwig Wittgenstein, 1. 12. 1937

23. Russell im Gefängnis. Lady Ottoline hält erstaunt einen Band der *Abhandlungen der Londoner Mathematischen Gesellschaft* in der Hand. Er kommt von Russell, und sein Begleitschreiben prophezeit, sie werde das Buch «ziemlich interessant» finden. Russell weiß, daß Ottoline nichts von Mathematik versteht. Seit Mai 1918 sitzt er im Gefängnis von Brixton, weil er in einem Zeitungsartikel die unfreundliche und eher törichte Bemerkung gemacht hatte, die amerikanische Armee sei es gewohnt, in ihrer Heimat Streikende einzuschüchtern und werde dasselbe auch im eventuell besetzten Europa tun. Das war nach Ansicht des Gerichts geeignet, «den Beziehungen Seiner Majestät zu den Vereinigten Staaten von Amerika zu schaden». Ironie des Schicksals: Russell wollte mit diesem Artikel seine politisch-journalistische Tätigkeit vorläufig beenden und zur Philosophie zurückkehren. Zwar konnte er den Strafantritt nicht abwenden, erreichte aber, daß er in der Ersten-Klasse-Abteilung eine akzeptabel eingerichtete Zelle mit Bedienung erhält.

Ottoline wendet das Buch hin und her und entdeckt zwischen den unaufgeschnittenen Seiten einen Brief – Russell hatte eine Methode gefunden, die Gefängniszensur zu umgehen. In Brixton entwickelt er eine geradezu überwältigende Produktivität und schreibt manchmal bis zu 10000 Worte pro Tag. Er liest Lytton Stracheys gerade erschienene Sammlung literarischer Porträts, *Eminent Victorians*, und muß so laut lachen, daß der Wärter ihn an die Würde der Strafanstalt erinnert, die eine Stätte der Buße sein soll. Gut gelaunt schreibt er:

«Strachey beurteilt Menschen nach dem Standard eines Künstlers, nämlich ob sie ein erfreuliches Studienobjekt sind: dadurch nimmt Aufrichtigkeit einen hohen Rang unter den Tugenden ein und läßt die Viktorianer abstoßend erscheinen. Aber sie hatten eine enorme Energie und (trotz ihrer Bigotterie) wirklich den Wunsch, die Welt zu verbessern, und sie verbesserten sie (...). Ich ziehe sie sogar Lytton vor, der aufrichtig ist, aber dem Rest der Menschheit gegenüber gleichgültig. Er zieht Menschen als soziale Kräfte nicht ausreichend in Betracht. Zu Beginn der viktorianischen Ära waren Hunger und Unbildung fast allgemein, am Ende gab es nur sehr wenig Hunger und viel Erziehung. Unsere Zeit versucht das Gegenteil, und wir brauchen eine Handvoll Viktorianer, die uns auf die richtige Fährte bringen. Der nützliche Mensch ist nicht derselbe wie der erfreuliche Mensch.»

Fast tut es ihm leid, daß er zur Moderne gehört, die einen realistischen Blick auf die «gespenstische, kranke, geisterhafte» gesellschaftliche Wirklichkeit geworfen hat. «Die Viktorianer (die guten Seelen) waren gesund und erfolgreich, weil sie niemals irgendwo der Wahrheit näher kamen. Ich für meinen Teil möchte lieber verrückt durch Wahrheit als gesund durch Lügen sein (...). Ich hasse die ganze Bloomsbury-Meschpoke mit ihren Witzen über alles, was lebendig fühlt.»

24. Der Teufel und die Freundschaft. Winston Churchill ruft seine Tante Leonie, Lady Leslie, an, Tante Leonie ruft ihre Freundin Annesley an, Lady Annesley ruft ihre Tochter Constance «Colette» Malleson an, Colette ruft Bertie an. Russell erfahrt die Nachricht vom Waffenstillstand einige Stunden früher als der Rest der Engländer. Colette tut an diesem 12. November 1918 nichts Besonderes, weder weint sie vor Freude, noch singt sie – sie flucht nicht und prostet keinem zu oder beklagt die Toten – aber ihr kommt es so vor, als sei eine große Last von ihr genommen. Russell, der einen

Monat zuvor wegen guter Führung vorzeitig aus Brixton entlassen worden war, rennt auf die Straße und erzählt jedem die Neuigkeit.

«Tiens, c'est chic!» ruft ein belgischer Soldat aus.

«Ich bin froh darüber», sagt die Bedienung in einem Tabakladen, «denn nun können wir die internierten Deutschen loswerden.»

Um 11 Uhr wird die Nachricht offiziell verkündigt, und Russell sieht, wie sich wildfremde Leute um den Hals fallen, während ihn Einsamkeitsgefühle beschleichen.

«Die See, die Sterne, der Nachtwind an einsamen Orten bedeuten mir mehr als selbst die Menschen, die ich am meisten liebe, und ich bin mir bewußt, daß menschliche Zuneigung für mich im Grunde nur der Versuch ist, der vergeblichen Suche nach Gott zu entfliehen.»

«Dem mit dem Evangelium» fällt der Abschied vom Krieg schwerer. Ludwig Wittgenstein trägt noch Jahre, nachdem er am 21. August 1919 aus italienischer Kriegsgefangenschaft entlassen wird, Uniform. Er hat sich bewährt: Silberne Tapferkeitsmedaille 2. Klasse am 6. 10. 1916, Bronzene Tapferkeitsmedaille am 19. 10. 1916, Karl-Truppenkreuz am 28. 1. 1917, Silberne Tapferkeitsmedaille 1. Klasse am 25. 8. 1917, Militärverdienstmedaille am Band mit Schwertern am 12. 7. 1918. Doch nun ist die Zeit der äußeren Bewährung vorbei, ebenso die Studentenzeit und das *dolce vita* als Lebemann. Im September 1919 verschenkt Wittgenstein – trotz Krieg einer der reichsten Männer Europas – sein Vermögen: größtenteils an seine Schwestern. Sein Anwalt ruft aus:

«Sie wollen also finanziellen Selbstmord begehen!»

Er beschließt Volkschullehrer zu werden. Hermine hält ihm vor:

«Das ist so, als wollte jemand ein Präzisionsinstrument dazu benützen, um Kisten zu öffnen.»

«Du erinnerst mich an einen Menschen», antwortet Ludwig, «der aus dem geschlossenen Fenster schaut und sich die

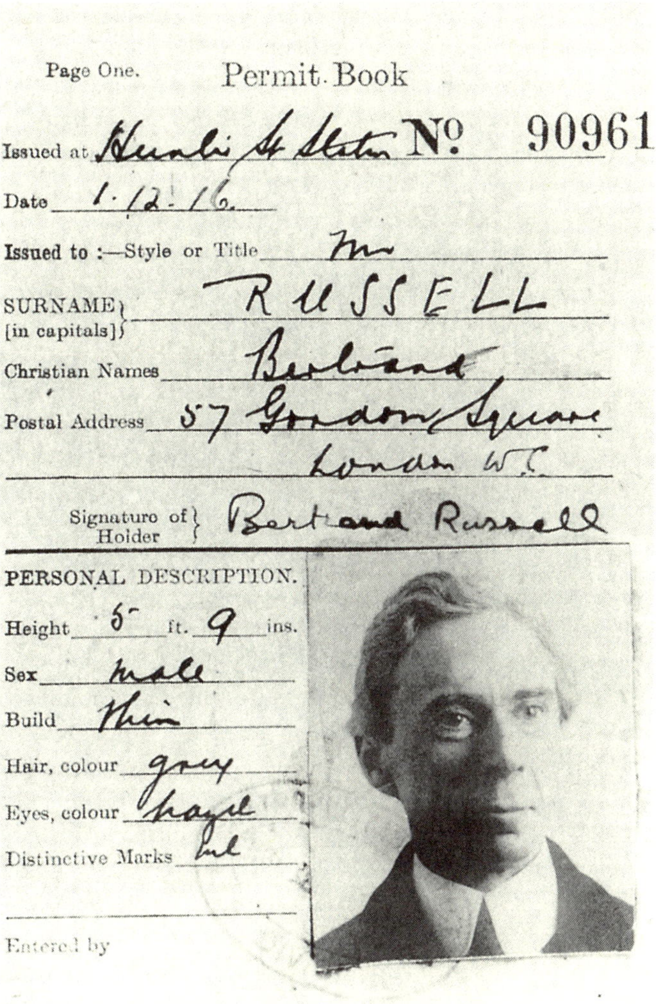
Page One. Permit Book

Issued at [illegible] No. 90961

Date 1.12.16

Issued to :—Style or Title Mr

SURNAME [in capitals] RUSSELL

Christian Names Bertrand

Postal Address 57 Gordon Square London W.C.

Signature of Holder Bertrand Russell

PERSONAL DESCRIPTION.

Height 5 ft. 9 ins.

Sex male

Build thin

Hair, colour grey

Eyes, colour hazel

Distinctive Marks nil

Entered by

Erlaubnisbuch Russells von 1916, nachdem ihm der Besuch bestimmter englischer Regionen verboten worden war

sonderbaren Bewegungen der Passanten nicht erklären kann; er weiß nicht, welcher Sturm draußen wütet und daß dieser Mensch sich vielleicht nur mit Mühe auf den Beinen hält.»

Russell freut sich außerordentlich darüber, von seinem Ersatzsohn zu hören. Wegen der Nachkriegsverhältnisse ist es schwer, in England oder Österreich ein Treffen zu arrangieren, es gelingt im Dezember 1919 in Den Haag. Wittgenstein ist ganz der alte, weckt Russell in aller Herrgottsfrühe und redet pausenlos über Logik. Weil er inzwischen Behauptungen über die Welt als Ganzes für sinnlos hält – sie gehören zum «Unsagbaren», das sich nur «zeigen» kann – streitet er mit Russell über die Existenzweise von Tintenklecksen. Russell malt sie auf ein Blatt Papier und behauptet: «Es gibt mindestens drei Dinge in der Welt.» – «Ich gebe zu», meint Wittgenstein, «daß auf dem Papier drei Kleckse sind – aber über die Welt als Ganzes läßt sich nichts aussagen.»

Russell stellt tiefgreifende Meinungsverschiedenheiten fest – hauptsächlich Wittgensteins evangelische Gedanken reizen ihn. Wittgenstein lese «Leute wie Kierkegaard und Angelus Silesius, und er überlegt ernsthaft, Mönch zu werden (...). Er ist tief in mystische Denk- und Empfindungsweisen eingedrungen», schreibt er Ottoline, «aber ich glaube (obgleich er dem nicht zustimmen würde), daß er an der Mystik am höchsten ihr Vermögen schätzt, ihn vom Denken abzuhalten.» Trotzdem sind beide sehr glücklich über ihr Wiedersehn, und Wittgenstein hat das Gefühl, wenigstens ein Mensch versteht ihn. Russell betreibt eifrig die Veröffentlichung des *Tractatus*, zu dem er auf Wunsch des Reclam-Verlages eine Einleitung verfaßt. Aus Wien, wo er sich zum Volksschullehrer ausbilden läßt, schreibt Ludwig:

«Wie gern möchte ich dich wieder sehen. Ich bin nicht mehr im Stande mir neue Freunde zu erwerben und die alten verliere ich. Das ist schrecklich traurig. Fast täglich denke ich an den armen David Pinsent. Denn, so sonderbar das klingt, ich bin fast allen Menschen zu dumm!

Ludwig Wittgenstein fällt das Ablegen der Uniform, mit der er hier auf seinem Foto für die Erteilung der Lehrberechtigung um 1919 zu sehen ist, schwer. Er trägt sie noch jahrelang nach dem Krieg.

Schreib mir bald einmal und schicke auch Deine Einleitung.

Dein trauriger
Ludwig Wittgenstein»

Die Übersetzung der Einleitung ins Deutsche erweist sich für Wittgenstein als unakzeptabel.

«Es ist nun höchst wahrscheinlich, daß Reclam meine Arbeit daraufhin nicht nimmt (...). Aber darüber habe ich mich bereits beruhigt; und zwar mit folgendem Argument, das mir unantastbar erscheint: Meine Arbeit ist nämlich entweder ein Werk ersten Rangs, oder sie ist kein Werk ersten Rangs. Im zweiten – wahrscheinlicheren – Falle bin ich selbst dafür, daß sie nicht gedruckt wird. Und im ersteren ist es ganz gleichgültig ob sie 20 oder 100 Jahre früher oder später gedruckt wird. Denn wer fragt danach ob z. B. die Kritik der reinen Vernunft im Jahre 17x oder y geschrieben worden ist! Ja, eigentlich brauchte sie in diesem Fall auch nicht gedruckt zu werden. – Und nun sei nicht bös! Es war vielleicht undankbar von mir, aber ich konnte nicht anders. Sei herzlichst gegrüßt von Deinem treuen Ludwig Wittgenstein»

«Die Einleitung ist mir keinen Pfennig wert, aber es täte mir wirklich sehr leid, wenn Dein Buch nicht gedruckt würde», antwortet Russell großherzig.

Pessimistisch schreibt Wittgenstein aus Kloster Neuburg, wo er einen Job als Gärtnergehilfe angenommen hat: «Im Inneren geht es mir nicht besonders. – Wann werden wir uns wiedersehen? Vielleicht nie. Täglich denke ich an den armen Pinsent. Er hat mein halbes Leben mit sich genommen. Die andere Hälfte wird der Teufel holen.»

Russell heiratet 1921 nach der Scheidung von Alys seine zweite Frau Dora und wird endlich Vater. Er hat einige Möbel von Wittgenstein gekauft und schreibt ihm: «Das Kind wird wahrscheinlich in Deinem Bett geboren werden.» Sie begegnen sich ein letztes Mal als Freunde in Innsbruck im

August 1922. Nach Russells *Autobiographie* befand er sich auf der Höhe seines «mystischen Eifers»,

«als er mir mit großem Ernst versicherte, es sei besser, gut zu sein als klug, fand ich, daß er sich vor Wespen fürchtete und wegen Wanzen unmöglich noch eine Nacht länger in einer Unterkunft bleiben konnte, die wir in Innsbruck gefunden hatten. Durch meine Reisen nach Rußland und China war ich an Kleinigkeiten dieser Art gewöhnt, aber seine ganze Überzeugung, daß die Dinge dieser Welt ohne Belang seien, konnte ihn nicht dazu bringen, Insekten gleichmütig zu ertragen.»

Nach diesem unerfreulichen Treffen muß es irgendwann zu einem Streit gekommen sein, der die Freundschaft zwischen Russell und Wittgenstein beendete. Später lehnt Russell Wittgensteins Spätphilosophie schroff ab, die er als eine «Verleugnung seiner eigentlich größten Begabung ähnlich wie bei Pascal und Tolstoi» versteht. Tatsächlich beichtet Tolstoi: «Die Einsicht, daß die vernünftige Erkenntnis zum Irrtum führt, half mir, mich von dem falschen Weg fruchtlosen Raisonnements zu befreien.» Russell betrachtet das als ein *sacrificium intellectus*:

«Pascal war ein genialer Mathematiker, gab aber die Mathematik auf, um sich der Frömmelei zu widmen. Tolstoi opferte seine Genialität als Schriftsteller zugunsten einer vorgetäuschten Demut, die ihn Bauern gebildeten Menschen und *Onkel Toms Hütte* allen anderen Werken der Dichtung vorziehen ließ. Wittgenstein, der mit metaphysischen Feinheiten genauso gut spielen konnte wie Pascal mit Sechsecken oder Tolstoi mit Zaren, vergeudete sein Talent und erniedrigte sich vor dem Alltagsdenken wie Tolstoi vor den Bauern – in beiden Fällen durch einen Anfall von Hochmut.»

Mit der Geburt des leiblichen Sohnes begann 1921 für Russell ein neues Leben, in dem kein Platz mehr für Wittgenstein war – der Teufel hatte auch diese Freundschaft geholt.

25. Jahre später: Die Beichte. Verstärkt unter dem Eindruck Hitlers erscheint Wittgenstein die Frage seines eigenen Judentums wichtig, und er überrascht einige seiner Freunde durch eine «Beichte», in der er sich u. a. bezichtigt, nichts gegen das Mißverständnis, er sei nur zu einem Viertel Jude und zu Dreivierteln Arier, getan zu haben. Dabei denkt er an seine Mutter.

«Als ich meine Beichte seinerzeit niedergeschrieben hatte da dachte ich ein paar mal auch an meine Mama & dachte ich könnte sie in irgend einem Sinne nachträglich durch mein Geständnis erlösen; auch sie nämlich habe, in irgendeinem Sinn, ein solches Geständnis auf dem Herzen gehabt & sei es in ihrem Leben nicht losgeworden, denn sie sei verschlossen geblieben. Und mein Geständnis, kam es mir vor, spreche nun endlich auch in ihrem Namen; & sie könne sich nun irgendwie nachträglich damit identifizieren.»

Fania Pascal, bei der Wittgenstein 1937 Russischunterricht nimmt, weil er mit dem Gedanken spielt, in die Sowjetunion überzusiedeln, hört sich diese Beichte mit Widerwillen an. Sie ist ein Judenmädchen aus der Ukraine – was Wittgenstein möglicherweise nicht weiß – und hatte während des Bürgerkriegs Pogrome miterleben müssen. Ihre Kindheit ist durch den zaristischen Antisemitismus «verdüstert und gebrandmarkt» worden, und sie fragt sich, wie sinnvoll es sein kann, eine assimilierte Familie wie die Wittgensteins als typische «Wiener Judenfamilie» zu bezeichnen, wie es manche Bekannten Wittgensteins taten. Ihre Großmutter, stellt sie sich vor, hätte wohl gesagt: «Ein schöner Jude, das.»

26. Später. «Decke auf, was Du bist.

Ich bin z. B. ein kleinlicher, lügnerischer Wicht & kann doch über die größten Dinge reden.

Und während ich es tue, scheine ich mir von meiner Kleinlichkeit vollkommen detachiert zu sein. Bin es aber doch nicht.

Selbsterkenntnis & Demut sind Eins. (Das sind billige Bemerkungen.)»

«Gott! lass mich zu dir in ein Verhältnis kommen, in dem ich fröhlich sein kann in meiner Arbeit!»

Ein Mann kniet in seinem Haus im norwegischen Skjolden nach dem Abendessen nieder, um zu beten, und aus seinem Mund kommen die Worte:

«Es ist niemand hier.»

Er fühlt sich merkwürdig wohl, ohne genau zu wissen, warum.

«Ich danke Gott, daß ich in die Einsamkeit nach Norwegen gekommen bin!» Denn wer «viel eigene, innere Wärme hat, bleibt lieber aus der Gesellschaft weg, um keine Beschwerde zu geben, noch zu empfangen», schloß Arthur Schopenhauers Geschichte von den Stachelschweinen.

Am 23. August 1937 fragt der junge Student Francis Skinner von England aus seinen Freund Ludwig Wittgenstein, der in der Einsamkeit seines Holzhauses zweifelt und verzweifelt:

«Könnte ich Dir irgendwie helfen, wenn ich zu Dir käme?»

Ludwig holt Francis in Bergen ab und fühlt sich nach einer Nacht mit «sinnlichen Phantasien» wieder sehr sinnlich. Im Jahr zuvor sei er «viel anständiger» und «ernster» gewesen. Francis macht ihn gleichzeitig sinnlicher, reizbarer und «unanständiger».

«Zwei oder dreimal mit ihm gelegen. Immer zuerst mit dem Gefühl, es sei nichts Schlechtes, *dann* mit Scham. Bin auch ungerecht, auffahrend und auch falsch gegen ihn gewesen und quälerisch.»

Francis hilft Ludwig beim Putzen mit einer Methode, die Ludwigs penibler Reinigungszwang erfunden hatte. Er wirft nasse Teeblätter auf den Boden, die den Staub aufsaugen, um sie dann wegzukehren. Hinterher notiert Ludwig: «Die letzten 5 Tage waren schön: er hatte sich in das Leben hier hineingefunden und tat alles mit Liebe und Güte, und ich war, Gott sei dank, nicht ungeduldig, und hatte auch wahrhaftig keinen Grund, außer meine eigene böse Natur. Begleitete ihn gestern bis Sogndal; heute in meiner Hütte zurück. Etwas bedrückt, auch müde.»

Schwarz ist auch eine Art Weiß.

Literaturverzeichnis

BARTLEY, WILLIAM W.: *Wittgenstein, ein Leben.* München: Matthes und Seitz, 1993 (engl. 1973, 1982).

BASIL, OTTO: *Georg Trakl in Selbstzeugnissen und Bilddokumenten.* Reinbek: rowohlts monographien, 1965.

BELL, QUENTIN: *Virginia Woolf – Eine Biographie.* Frankfurt (Main): Suhrkamp st, 1982 (engl. 1972, dt. 1977).

BLUMENBERG, HANS: *Matthäuspassion.* Frankfurt (Main): Bibliothek Suhrkamp Bd. 998, 1988.

CLARK, RONALD W.: *The Life of Bertrand Russell.* London: Jonathan Cape, 1975.

ders.: *Bertrand Russell and his World.* London: Thames and Hudson, 1981.

DEHMEL, RICHARD: *Zwischen Volk und Menschheit – Kriegstagebuch.* Berlin: S. Fischer, 1919.

ELLMANN, RICHARD: *Oscar Wilde – Eine Biographie.* München: Piper, 1997 (amer. 1984).

FORSTER, EDWARD MORGAN: *Maurice.* München: Goldmann, 1988 (engl. 1970, 1913/14).

FREGE, GOTTLOB: *Dialog mit Pünjer über Existenz.* In: *Schriften zur Logik und Sprachphilosophie.* Hamburg: Felix Meiner, 1973[3] (geschrieben vor 1884).

ders.: *Die Grundlagen der Arithmetik.* Stuttgart: Reclam, 1987 (1884).

ders.: *Logische Untersuchungen.* Göttingen: Vandenhoeck & Ruprecht, 1966.

ders.: *Schriften zur Logik und Sprachphilosophie – Aus dem Nachlaß.* Hamburg: Felix Meiner, 1971[3].

FREUD, SIGMUND: *Die Zukunft einer Illusion.* In: *Gesammelte Werke, Band* XIV. Frankfurt (Main), London: Fischer, 1948.

ders.: *Die «kulturelle» Sexualmoral und die moderne Nervosität* (1907). In: a. a. O., Band VII.

FURBANK, P. N: *E. M. FORSTER. A LIFE*. London: Abacus, 1993 (1977).

GABRIEL, GOTTFRIED und WOLFGANG KIENZLER: *Gottlob Freges politisches Tagebuch*. Deutsche Zeitschrift für Philosophie, 42(6): 1057–1066, 1994.

HEGEL, GEORG WILHELM FRIEDRICH: *Ästhetik*. Berlin, Weimar: Aufbau-Verlag, o. J. [1955] (1842). 2 Bände.

HEATON, JOHN und JUDY GROVES: *Wittgenstein for Beginners*. Cambridge: Icon Book, 1994.

HOLROYD, MICHAEL: *Lytton Strachey*. London: Chatto & Windus, 1994.

KEYNES, MILO (Hg.): *Essays on John Maynard Keynes*. Cambridge: Cambridge University Press, 1975.

KREISER, LOTHAR: *Gottlob Frege: Nachgelassene Schriften und Wissenschaftlicher Briefwechsel*. Deutsche Zeitschrift für Philosophie, 21(4): 519–524, 1973.

LUKACS, JOHN: *Der letzte europäische Krieg 1939–1941*. München: dtv, 1980.

MALCOLM, NORMAN: *Wittgenstein – A Religious Point of View? (Edited with a response by Peter Winch)*. London: Routledge, 1993.

MCGUINNESS, BRIAN, MARIA CONCETTA ASCHER und OTTO PEERSMANN (Hg.): *Wittgensteins Familienbriefe*. Wien: Hölder-Pichler-Tempsky, 1996.

ders.: *Wittgensteins frühe Jahre*. Frankfurt: Suhrkamp, 1988.

ders. und G. H. VON WRIGHT (Hg.): *Ludwig Wittgenstein: Cambridge Letters – Correspondence with Russell, Keynes, Moore, Ramsey and Sraffa*. Oxford, Cambridge (USA): Blackwell, 1995.

MICHALKA, WOLFGANG (Hg.): *Der erste Weltkrieg*. München: Piper, 1994.

MONK, RAY: *Wittgenstein, das Handwerk des Genies*. Stuttgart: Klett-Cotta, 1992 (engl. 1990).

ders.: *Bertrand Russell – The Spirit of Solitude*. London: Cape, 1996.

MOORE, GEORGE EDWARD: *Principia Ethica*. Stuttgart: Reclam, 1970 (engl. 1903).

ders.: *Some Main Problems of Philosophy*. London usw.: Macmillan 1953. Vorlesungen 1910/11.

NEDO, MICHAEL und MICHELE RANCHETTI: *Wittgenstein – Sein Leben in Bildern und Texten*. Frankfurt (Main): Suhrkamp, 1983.

PERKINS, RAY: *Moore's Moral Rules*. Journal of the History of Philosophy, 28(4): 595–599, 1990.

PINSENT, DAVID HUME: *Reise mit Wittgenstein in den Norden*. Wien: Folio, 1994.

PINTHUS, KURT (Hg.): *Menschheitsdämmerung*. Hamburg: Rowohlt, 1959 (1. Auflage 1920).

PUHL, KLAUS (Hg.): *Wittgensteins Philosophie der Mathematik – Akten des 15. Internationalen Wittgenstein-Symposiums, 16.–23. 8. 1992 in Kirchberg am Wechsel (Österreich)*. Wien: Hölder-Pichler-Tempsky, 1993.

READ, STEPHEN: *Philosophie der Logik*. Reinbek: rowohlts enzyklopädie, 1997 (engl. 1995).

RHEES, RUSH: *Ludwig Wittgenstein: Porträts und Gespräche*. Frankfurt (Main): Suhrkamp, 1987.

RILKE, RAINER MARIA: *Briefe*. Frankfurt (Main): Insel, 1950.

ders.: *Sämtliche Werke*. Frankfurt (Main): Insel, 1955–1966, 6 Bände.

RUSSELL, BERTRAND: *The Problems of Philosophy*. Oxford: Oxford University Press, 1968 (1943[17], 1. Auflage 1912).

ders.: *Ludwig Wittgenstein*. Mind, LX (239): 297–298, 1951.

ders.: *My Philosophical Development*. London: Allen & Unwin, 1959.

ders.: *Autobiographie I–III*. Frankfurt (Main): Suhrkamp, 1972–1974.

SCHILPP, PAUL ARTHUR (Hg.): *The Philosophy of G. E.*

Moore. La Salle (Illinois), London: Open Court, Cambridge University Press, 1952.

SCHNACK, INGEBORG: *Rilke Chronik*. Frankfurt (Main): Insel, 1975. 2 Bände.

SCHOPENHAUER, ARTHUR: *Werke in zehn Bänden – Zürcher Ausgabe*. Zürich: Diogenes, 1977.

SCHOEPS, JULIUS H.: *Der Umgang mit dem Judesein. Zur Debatte um ein schwieriges Identitätsproblem*. Menora, 5: 15–22, 1994.

SIITONEN, ARTO: *Logical Atomism Reconsidered*. In: *[Puh93]*, Seiten 201–206. Wien: Hölder-Pichler-Tempsky 1993, 1993.

SKIDELSKY, ROBERT: *John Maynard Keynes. Volume One. Hopes Betrayed. 1883–1920*. London: Macmillan, 1983.

SLUGA, HANS und DAVID G. STERN (Hgg.): *The Cambridge Companion to Wittgenstein*. Cambridge: Cambridge University Press, 1996.

SOMMER, VOLKER: *Homosexualität und Evolution – Perspektiven der modernen Verhaltensbiologie*. In: *Neue Horizonte 93/94*. München: Piper, 1994.

SONTAG, SUSAN: *Notes on «Camp»*. In: *Against Interpretation*, Seiten 275–292. London: André Deutsch, 1987 (erschienen 1964).

STERN, DAVID G.: *The availability of Wittgenstein's philosophy*. In: *[SLUGA]*, Seiten 442–476. Cambridge: Cambridge University Press, 1996.

STRACHEY, LYTTON: *Eminent Victorians*. London: Penguin Twentieth-Century Classics, 1948 (1918).

ders.: *Queen Victoria*. London: Penguin Twentieth-Century Classics, 1971 (1921).

STROLL, AVRUM: *Max on Moore*. Dialectica, 44 (1–2): 153–163, 1990.

SZKLENAR, HANS (Hg.): *Erinnerung an Georg Trakl – Zeugnisse und Briefe*. Salzburg: Otto Müller, 1959 (1. Auflage 1926).

TOLSTOI, LEO N.: *Meine Beichte.* Düsseldorf, Köln: Diederichs, 1978 (geschrieben 1879).

ders.: *The Gospel in Brief.* In: *I Cannot Be Silent: Selected Non-Fiction.* Bristol: The Bristol Press, 1989.

TRAKL, GEORG: *Dichtungen und Briefe.* Salzburg: Otto Müller, 1969. 2 Bände.

TREVELYAN, GEORGE MACAULAY: *A Shortened History of England.* London, New York: Penguin, 1959 (1942).

WEININGER, OTTO: *Geschlecht und Charakter.* München: Matthes & Seitz, 1980 (1903).

WILKE, KARL: *Die Geschichte der jüdischen Gemeinde Korbach.* Stadtarchiv der Kreisstadt Korbach, 1993.

WITTGENSTEIN, LUDWIG: *Briefwechsel mit B. Russell, G. E. Moore, J. M. Keynes, F. P. Ramsey, W. Eccles, P. Engelmann und L. von Ficker.* Frankfurt (Main): Suhrkamp, 1980.

ders.: *Über Gewißheit – Werkausgabe Bd. 8.* Frankfurt (Main): Suhrkamp stw, 1984.

ders.: *Geheime Tagebücher 1914–1916.* Wien: Turia und Kant, 1991.

ders.: *Denkbewegungen – Tagebücher 1930–1932/1936–1937.* Innsbruck: Haymon, 1997.

ders.: *Tractatus logico-philosophicus – Werkausgabe Band 1.* Frankfurt (Main): Suhrkamp stw, 1984[1].

WOOLF, VIRGINIA: *Augenblicke. Skizzierte Erinnerungen.* Frankfurt (Main): Fischer, 1981 (engl. 1976).

WRIGHT, GEORG HENRIK VON: *Wittgenstein.* Frankfurt (Main): Suhrkamp, 1986.

ZWEIG, STEFAN: *Die Welt von Gestern – Erinnerungen eines Europäers.* Frankfurt (Main): Fischer, 1970 (1944).

Personenregister

Bildnachweis

Archiv für Kunst und Geschichte (AKG), Berlin S. 17, 28, 53, 125; Collection of Mrs. Barbara Bagenal S. 23; Basil Blackwell, Oxford S. 61, 63; H. Andrew Freeth aus: Mind LXI, Oktober 1952 S. 138; John Heaton (Text), Judy Groves (Zeichnung), Icon Books Ltd. S. 85; Anne Keynes, Cambridge S. 33, 58; King's College, Cambridge S. 31; McMaster University, Hamilton, Ontario S. 13, 37; Österreichisches Staatsarchiv, Kriegs-Archiv, Wien S. 128; Trinity College, Cambridge S. 19

Benutzte Literatur

Quentin Bell, Virginia Woolf. A Biography, Volume One, The Hogarth Press, London 1973

Brian McGuinness, Wittgensteins frühe Jahre, Suhrkamp, Frankfurt/M. 1988

Ray Monk, Bertrand Russell, The Spirit of Solitude, Jonathan Cape London, 1996

Michael Nedo, Ludwig Wittgenstein. Sein Leben in Bildern und Texten, Suhrkamp, Frankfurt/M. 1983

Robert Skidelsky, John Maynard Keynes, Volume One, Macmillan London, 1983

John Heaton and Judy Groves, Wittgenstein for beginners, Icon Books Ltd, Cambridge 1994

David Hume Pinsent, Reise mit Wittgenstein in den Norden, Folio Verlag, Wien/Bozen 1994 S. 77

Ludwig Wittgenstein, Geheime Tagebücher 1914–1916, herausgegeben und dokumentiert von Wilhelm Baum, Verlag Turia & Kant, Wien 1991 S. 17, S. 128